L'INTERNATIONALE

DES PATRONS

PAR LÉON CHOTTEAU

PRIX : 1 FR. 50

PARIS

ARMAND LE CHEVALIER, ÉDITEUR

61, RUE DE RICHELIEU, 61

—

1871

L'INTERNATIONALE

DES PATRONS

Pour paraître prochainement :

LA CONCILIATION

Journal quotidien, organe de l'*Association internationale des patrons.*

Rédacteur en chef : Léon Chotteau.

———

Du même auteur, en vente chez Heymann, 6, rue du Croissant:

ON DEMANDE UNE CONSTITUTION

Prix : 15 cent.

11991. — Paris, Typographie Lahure, rue de Fleurus, 9

L'INTERNATIONALE

DES PATRONS

PAR LÉON CHOTTEAU

PRIX : 1 FR. 50

PARIS

ARMAND LE CHEVALIER, ÉDITEUR

61, RUE DE RICHELIEU, 61

1871

A

M. A. MUNDELLA

Membre du Parlement d'Angleterre.

Monsieur,

C'est à vous que je dédie ces lignes.

En faisant appel à l'esprit d'équité et au patriotisme des patrons français, je ne puis oublier l'homme de cœur qui, le premier, à Nottingham, sut provoquer l'institution de conseils d'arbitrage, chargés de prévenir les grèves.

Cet homme, c'était vous.

Par vos soins, l'idée de conciliation a gagné du terrain en Angleterre.

Parviendrai-je à l'acclimater en France ?

A la veille de combattre, de ce côté du détroit, l'indifférence, l'apathie et l'inertie du capital, j'éprouve le besoin de placer sous votre protection la foi qui m'anime et les espérances qui me soutiennent.

J'apporte à l'œuvre un dévouement absolu.

Si, demain, je succombe dans la lutte, vous me prouverez, en m'accordant votre estime, qu'une cause perdue peut, parfois, être juste.

Léon CHOTTEAU[1].

1. J'ai reçu de M. A. Mundella la lettre suivante :

Le Parc, Nottingham, 24 octobre 1871.

Monsieur,

Je regrette, je dois vous le dire, que votre lettre du 17, m'offrant un tel honneur, n'ait pas reçu, à cause de mon absence, une plus prompte réponse.

Je juge, d'après les titres des chapitres de votre nouvel ouvrage, que votre but est d'amener un meilleur état de relations entre le patron et l'ouvrier. Rien ne peut être plus important ni plus désirable.

Chaque jour je reçois de nouvelles preuves des résultats surprenants produits par la réconciliation du capital et du travail. Partout où il est possible d'instituer des conseils représentatifs des patrons et des travailleurs, les soupçons, les jalousies et les malentendus s'évanouissent aussitôt (at once disappear). Dans ces derniers jours, la cour de conciliation et d'arbitrage, établie dans le commerce de fer du nord de l'Angleterre, a de nouveau fixé, de la manière la plus satisfaisante, le taux des salaires. Elle donne tant de confiance aux deux partis que la base de ses opérations s'étend constamment et qu'elle s'applique aujourd'hui de 30 000 à 40 000 ouvriers. Une cour semblable existe dans le commerce des dentelles, dans les commerces de bonneterie du centre, dans la poterie, dans différentes sections de la construction et dans d'autres commerces. Le caractère le plus rassurant du mouvement social actuel en Angleterre c'est que, presque invariablement, les travailleurs qui réclament une augmentation de salaire, ou une réduction des heures de travail, demandent en même temps l'établissement des conseils d'arbitrage. Malheureusement il n'y a que les patrons éclairés qui expriment le même désir. J'ai cependant une foi absolue dans le bon sens de mes concitoyens, et je regarde la question du travail comme étant, pour nous, sur la voie d'une solution pacifique.

Sans prétendre mériter en aucune manière l'honneur que vous me proposez, je l'accepte en formant des vœux sincères pour le succès de vos travaux qui, je l'espère, seront appréciés de vos compatriotes.

Cordialement à vous,

A. MUNDELLA.

AU LECTEUR

Ceci est une œuvre honnête.

Le 2 juillet dernier, nous avons adressé la lettre suivante au *Peuple souverain*, et à la *Cloohe*, qui l'ont reproduite :

> « Suresnes, rue Desbassyns,
> 2 juillet 1871.

« Monsieur le rédacteur en chef,

« Je lis dans le *Petit Moniteur*, d'aujourd'hui :

« On sait qu'en Angleterre il existe des *trade's unions*, associations ouvrières, ayant pour but spécial de venir en aide aux grèves et au besoin de les fomenter.

Ces *trade's unions* ont des ramifications dans tous les pays.

« Il paraîtrait qu'à propos des nouveaux impôts proposés sur les matières premières, les chefs de cette association ont tenu un meeting secret à la suite duquel des ordres auraient été donnés à plusieurs ouvriers de différents pays de se mettre en grève.

« Or, il est arrivé qu'un chef d'atelier français ayant reçu un de ces ordres, par erreur, l'aurait communiqué à son patron, lequel, afin de contre-carrer les agissements de la société anglaise, va, de son côté, former une association de patrons.

« Des lettres de convocations ont déjà été envoyées à plusieurs grands manufacturiers français.

« Veuillez annoncer à vos lecteurs que le patron du chef d'atelier français, dont parle le journal cité plus haut, a été devancé.

« Mardi dernier, 27 juin, nous avons soumis à deux grands industriels les statuts de l'*Association internationale des patrons*.

« Ces statuts seront publiés dans un des premiers numéros de l'*Étoile française*, qui n'attend plus pour paraître que l'autorisation de l'autorité militaire.

« Que les impatients se rassurent : on travaille activement et utilement pour eux.

« A vous. »

Plus tard, lorsque M. Dufaure, mal inspiré, présenta son projet de loi sur *l'Internationale des travailleurs*, nous avons écrit au ministre de la justice une lettre que publièrent également l'*Opinion nationale* et la *Cloche*.

Voici en quels termes nous avons protesté contre une mesure qui nous semblait, à tous les points de vue, dangereuse :

« Paris, 9 août 1871

« *A M. Dufaure, ministre de la justice.*

« Monsieur.

« Je me rappelle avoir été avocat. C'est vous qui m'avez admis au stage. Je regrette d'avoir à combattre, dans le ministre d'aujourd'hui, mon bâtonnier de 1863.

« L'influence de l'*Internationale des travailleurs* vous inquiète et vous trouble ! Soit. Je partage vos craintes et vos appréhensions. Mais, à la question sociale qui se pose et s'impose, vous ne voyez d'autre solution que le vote d'une loi punissant d'un emprisonnement de 2 mois à 2 ans et d'une amende de 50 à 1000 fr., tout Français qui restera affilié à l'Association qui fit la *Commune*.

Ici, nous ne sommes pas du tout d'accord.

Je pense, moi, qu'on ne préviendra une nouvelle insurrection, qui serait le troisième acte du drame commencé en juin 48, que si l'on arrive à concilier ensemble le capital et le travail.

« C'est dans ce but de conciliation que j'ai rédigé les statuts de l'*Association internationale des patrons*. J'ai même soumis ce projet à votre collègue M. Lambrecht, de l'intérieur ; il pourra vous le communiquer.

« Vous voulez vaincre l'obstacle ! Moi je le tourne en rapprochant les patrons des ouvriers, et en fondant les deux associations dans l'Internationale des citoyens utiles, qui produisent et qui consomment, ligués, cette fois, contre les non-valeurs, qui consomment et ne produisent pas.

« Je mettrai, à défendre et à propager mon idée, toute l'énergie dont je suis capable.

« L'avenir dira, monsieur, lequel de vous ou de moi aura mieux compris les nouvelles conditions économiques des sociétés modernes, et aura mieux servi son pays.

« Agréez l'assurance de mon profond respect.

La loi, heureusement, n'est pas encore votée.

Dans les premiers jours de septembre, nous avons rédigé une note que les journaux.... ont refusé d'insérer :

En voici quelques extraits.

« Nous avons pensé, avons-nous follement rêvé? qu'il était indispensable, dans l'intérêt même de la société, d'opposer, à une organisation, une autre organisation, et d'étouffer la haine en provoquant l'amour.

« Dans ce but, nous avons voulu rappeler aux patrons et aux travailleurs que des hommes appelés à vivre ensemble ne peuvent éviter les froissements d'amour-propre, les querelles injustes et les contestations absurdes que s'ils savent se respecter, s'estimer, et, autant que possible, s'aimer.

« C'est afin de réconcilier le capital avec le travail, et de ramener l'harmonie dans le monde de la production, que nous avons rédigé le projet de statuts de l'*Association internationale des patrons*.

. . . .

. . . .

. . . .

« Certain que cette idée de conciliation serait goûtée des patrons, nous avons adressé une copie des statuts à de grands industriels et à de grands négociants. Ces messieurs ne pouvaient manquer de venir nous voir.

« Hélas ! . . . .

. . . .

« Ce silence accusait presque le dédain.

« Fallait-il laisser les patrons à leurs usines et à leurs comptoirs, et abandonner à eux-mêmes des gens qui nous savaient si peu gré de notre dévouement? A la fin du mois dernier, nous avons tenté de réunir un certain nombre d'intéressés.

« Il en vint, à notre appel, deux.

« Deux !

« Nous avions l'intention de proposer les résolutions suivantes :

« Résolu,

« Par la réunion des industriels et des négociants tenue à Paris le . . . .

« En toute circonstance, mais surtout au lendemain d'une insurrection vaincue, il importe d'écarter le soupçon qui nourrit la haine et prépare la vengeance.

« Aussi, voulons-nous accuser, au début de ce mouvement, une attitude franche et loyale.

« En se groupant, les travailleurs ont exercé, sur les sociétés modernes, une influence qu'il est insensé de contester, et qu'il serait imprudent de combattre.

« Loin de nous la pensée de nier une force que nous sentons.

« Jusqu'ici, cependant, cette force est restée sans contrepoids.

« De là, des excès.

« Pour éviter à l'avenir toute espèce de conflit, les patrons vont s'unir et diront aux travailleurs :

« Nous sommes fatalement associés. Vous ne pouvez rien sans nous, et nous ne pouvons rien sans vous. Rappro-

chons-nous les uns des autres, et discutons ensemble les
bases d'une ligue où entreront tous ceux qui, à un titre
quelconque, s'efforcent de concourir à la richesse morale
ou matérielle du pays. Vos ennemis, les nôtres, les ennemis de la patrie, ce sont les désœuvrés.

« Nous voulons l'alliance définitive du travail et du capital. Notre but, c'est l'*Association internationale des patrons* organisée pour la paix, non pour la guerre.

« Nous devions même, avant le vote, faire une petite
confession.

« D'aucuns avaient dit : l'idée est bonne, mais que vaut
l'individu ?

« Devant une assemblée plus nombreuse, nous aurions
répondu :

« L'individu, gentlemen, c'est l'homme qui vous parle.
Il a 33 ans, beaucoup de cheveux et le cœur droit. Avoca
à la cour *impériale* de Paris, en 1866, l'idée lui vint d'aller
étudier en Amérique les institutions américaines. Après
une année d'absence, il rapporta de là-bas beaucoup de
notes sur les hommes et les choses, et quitta le barreau.
Aujourd'hui, il habite Suresnes, où il croit jouir d'un peu
d'estime. Il a peu d'amis et possède beaucoup d'ennemis.
Ceux-ci lui reprochent ses qualités ; ceux-là lui rappellent
ses défauts.

« Mais, ils étaient deux !

« Nous n'avons rien confessé, rien proposé.

« Depuis quelque temps, on s'accorde généralement
pour dire que les patrons doivent sortir de leur isolement.
Or, nous leur proposions de les grouper dans un but
avouable. D'où venait leur inaction ?

.   .   .   .

.   .   .   .

« Ah ! il faut avoir une âme bien trempée pour résister à toutes les déceptions que nous avons subies depuis deux mois. D'où vient, pourtant, qu'on nous ait si peu compris ? Tout simplement de ce que la plupart des industriels et des négociants que nous avons vus jusqu'ici n'avaient pas l'esprit assez dégagé des sottes préventions pour nous seconder dans notre œuvre.

« Que les patrons intelligents, il en est encore à Paris, en France et à l'étranger, nous apportent leur concours dévoué. C'est à eux qu'ici nous faisons appel.

. . . .

. . . .

Depuis, des citoyens nous ont affirmé que notre idée était « creuse. »

L'un d'eux alla même jusqu'à dire :

« Vous êtes un organisateur désorganisant. »

Un autre ajouta : « Vous voulez remuer les patrons ! que ne tentez-vous d'ébranler les tours de Notre-Dame ? »

Lecteur, tu le vois, les encouragements ne nous ont pas manqué.

Lis, sans parti pris, les pages que nous t'offrons, et juge, si tu l'oses.

L'INTERNATIONALE

DES PATRONS

***

I

Projet de statuts.

La question sociale n'est pas résolue.

Ajoutons, pour encourager les rêveurs et accréditer les charlatans : elle ne le sera jamais.

Aujourd'hui, de même qu'avant, et, surtout, pendant la Commune, elle provoque l'initiative des citoyens qui cherchent le progrès dans les choses, non dans les mots.

Il serait imprudent de l'écarter.

L'autruche croit éviter le danger en se plaçant le bec sous l'aile : ne nous endormons pas dans une fausse sécurité.

Mais, pas d'illusions. L'humanité, sans y arriver jamais, tend toujours vers la perfection. Tant qu'il y aura une humanité, il y aura une question sociale.

*
* *

Vouloir éteindre la misère, c'est prétendre supprimer la souffrance.

Des réformateurs, plus naïfs que sensés, ont vainement tenté de réaliser le bonheur général.

L'absolu n'est pas de ce monde. Et puis, qu'y aurait-il de plus triste, au fond, qu'une société ou la félicité, en atteignant tout le monde, ne laisserait à personne la légitimité de certains désirs ?

A mesure que la médecine, la physique et la chimie avancent, à mesure s'élargit l'horizon que ces sciences trouvent devant elles.

Il en est ainsi de la science sociale.

Sur la voie du progrès, plus on approche du but, et plus le but s'éloigne.

*
* *

En organisant l'*Internationale des patrons*, nous croyons répondre à un besoin actuel.

Jusqu'ici, toutes les fois que les travailleurs ont réclamé des réformes urgentes, ils se sont vu opposer le *non possumus* de patrons complétement étrangers au mouvement qui emportait les masses. Aussi, à des refus systématiques ont succédé des **demandes exorbitantes.** Puis, un abîme s'est creusé

entre le capital et le travail; et, lorsqu'il a fallu
le franchir, on a dû enjamber des monceaux de
cadavres.

Terribles conséquences d'une coupable indifférence.

Pour éviter, dans un avenir plus ou moins éloigné, une nouvelle insurrection, il faut, dès aujour-
d'hui, rapprocher les patrons des ouvriers. C'est
pour arriver à la conciliation que nous voulons
unir les industriels et les négociants. Lorsque les
travailleurs associés se verront en présence d'une
autre association destinée à accueillir leurs plaintes légitimes et à favoriser leurs aspirations vers
le bien, ils trouveront devant eux, au lieu du mépris qui exaspère, la sympathie qui désarme, et
les difficultés s'aplaniront d'elles-mêmes. On s'entendra parce qu'on voudra s'entendre.

*
* *

Si les patrons étaient sortis de leur isolement
avant 48, ils auraient prévenu les journées de juin,
et le 18 mars 71 n'eût pas eu sa raison d'être.

Juin 48 fut une surprise. La bourgeoisie fut
alors très-étonnée de voir se dérouler sous ses
yeux toutes les péripéties d'un drame qu'on peut
appeler la *Révolution de la faim*.

A-t-elle profité de la leçon? hélas! elle n'a

même pas recherché les vraies causes de cette collision sanglante.

Aussi, lorsque la toile tombe sur les derniers
convois de transportés qui défilent devant le général Cavaignac; lorsque l'ordre est rétabli, chacun ne songe plus qu'à reprendre son petit commerce.

On respire, on revit.
L'accident est vite oublié.
L'orage n'a fait que passer;
Il n'était déjà plus.

★
★ ★

D'ailleurs, voici venir, pour calmer les satisfaits,
l'homme providentiel, le neveu du *Corse aux cheveux plats*.

Plus d'émeute !

Un pouvoir fort traque les salariés.

Défense au travailleur mécontent de fonder un
journal ni d'ouvrir une réunion publique.

Au lieu de se rapprocher de l'ennemi vaincu,
on se tient éloigné de l'insurgé de la veille. Et le
blousier, qui fit pourtant Février et 1830, se sent
méprisé. Il dévore la haine qui remplit son âme,
et courbe la tête.

La société est remise d'aplomb. Impossible de
l'ébranler à l'avenir. Tout est sauvé. Vive la joie!
On peut enfin boire à l'aise et prendre du bon

temps. Toutes voiles dehors, et tout le monde sur le pont! Le navire de la France, tanguant et roulant sur une mer propice, s'avance lentement et sûrement vers le port où ne peuvent toucher que les nations privilégiées.

*
* *

Mais un point noir se montre à l'horizon.

Il va grandissant. La tempête éclate le 18 mars 1871.

Qu'est-ce que ce mouvement qui commence par l'assassinat de deux généraux, et qui se terminera par l'incendie d'une ville? Amis de la quiétude, ces cris et ces trépignements d'une foule irritée vous promettent tout simplement le second acte du drame commencé en juin 48.

L'entr'acte a duré 23 ans.

Dans ce laps de temps, les patrons se sont amollis au contact d'une civilisation énervante. Les travailleurs, au contraire, ont fait provision d'énergie.

*
* *

La lutte est terrible.

Elle dépasse, en horreurs, les horreurs de Juin.

Les fédérés auraient pu l'emporter. N'oublions pas que la victoire a été, pendant de longs jours, indécise.

La *Commune* aura-t-elle son lendemain, et le drame, inauguré en 48, aura-t-il un troisième acte?

Oui, si les patrons ne savent pas prévoir.

*
* *

Donc, industriels et négociants, debout! Si vous ne tenez pas à justifier, par votre inaction obstinée, l'explosion de nouvelles colères, organisez-vous et dites aux travailleurs :

« Discutons d'égaux à égaux les intérêts qui vous frappent, parce qu'ils nous touchent. »

« Entrons loyalement dans le débat, et oublions, rapprochés les uns des autres, qu'un injuste soupçon nous avait divisés. »

*
* *

Qu'importe que de lugubres farceurs proposent, parfois, d'abolir la propriété et de supprimer le capital? quoi qu'ils disent et quoi qu'ils fassent, l'homme aimera toujours à acquérir et à posséder.

Ils ne pourront réclamer utilement l'innovation qu'ils rêvent que s'ils parviennent à changer, ou, tout au moins, à modifier la nature de l'homme.

*
* *

Certes, on ne peut reprocher aux travailleurs de s'être associés.

Vers 1840, Lincoln, alors avocat à Springfield, disait:

« Le plus puissant lien de sympathie humaine, en dehors des relations de famille, serait celui qui unirait les travailleurs de toutes nations, langues et parentés. »

Karl Marx a semblé entendre la voix de Lincoln; mais l'Allemand n'a peut-être pas très-bien compris l'Américain lorsque ce dernier ajoutait :

« Ce ne serait pas une ligue pour faire la guerre à la propriété ou aux possesseurs de la propriété. La propriété est le fruit du travail, la propriété est désirable, c'est le bien positif dans ce monde. Le fait qu'il y a des riches, montre que ceux qui ne le sont pas peuvent le devenir. C'est donc un encouragement à l'industrie et au travail. Que celui qui est sans maison se garde bien de renverser la maison d'un autre ; mais qu'il travaille diligemment, et qu'il s'en bâtisse une pour lui-même. Ainsi, par l'exemple qu'il donnera, il sera assuré que sa propre maison, une fois bâtie, sera à l'abri de la violence.

*
* *

Si l'*Internationale des travailleurs* a dévié de la voie qu'elle n'aurait jamais dû perdre, et si ceux qui la composent, Français, Anglais, Russes, ou Germains, au lieu de se grouper pour s'interdire la violence, se comptent pour fomenter la vengeance et conspirer, la société exige qu'on paralyse cette force par une autre force, et qu'on fasse naître, de la haine vaincue, l'amour.

L'*Internationale des patrons* atteindra ce but.

*
* *

Voici, en projet, les statuts de l'association, tels que nous les a inspirés la situation respective du capital et du travail.

« Nous, industriels et négociants, soussignés,

« Considérant : que la division des classes, favorisée par l'Empire, a été la principale cause des malheurs qui viennent d'affliger Paris et la France ; que l'insurrection du 18 mars n'eût pas éclaté si nous avions eu la sagesse, dans les vingt dernières années, de mêler un peu plus notre vie à celle des travailleurs ; que nous n'avons rien su prévoir jusqu'ici, et qu'il nous importe de rendre désormais impossible tout bouleversement qui arrête la production ; que pour assurer l'ordre, condition de la liberté, il faut amener l'alliance définitive du capital et du travail ;

« Que ces deux forces sont solidaires ;

« Que de leur union seule naît la production ;

« Qu'on ne peut produire, ni par le capital sans le travail, ni par le travail sans le capital ;

« Que les travailleurs s'étant associés pour améliorer leur position, souvent si digne d'intérêt, il est utile, même nécessaire, que les patrons forment aussi entre eux une association, non dans le but de répondre à la coalition du travail par la coalition du capital, ni d'opposer l'un de ces deux éléments à l'autre, mais afin de s'entendre sur les voies et moyens capables de donner satisfaction aux réclamations des salariés, quand elles sont justes, et de les repousser, sans craindre les grèves, lorsqu'elles dépassent les limites du droit ;

« Que l'association fortifie l'individu, et assure à la richesse la sécurité dont elle a besoin ;

« Que, jusqu'ici, les patrons, faute de solidarité, sont restés isolés en présence d'un mouvement qui englobe actuellement plus de trois millions d'hommes ;

« Qu'il est urgent de combler cette lacune ;

« Qu'on ne peut s'aimer sans se connaître, ni se connaître sans se rapprocher ;

« Que l'association des patrons ne résoudra pas le problème que lui pose l'avenir, si elle est confinée dans un lieu ou dans un pays ;

« Qu'elle intéresse toutes les nations civilisées ;

« *Par ces motifs*, nous, industriels et négociants, soussignés,

« Déclarons que les individus ou les Sociétés qui se joindront à nous pour concourir au but commun, se soumettront aux statuts suivants :

« Art. 1er. L'association, constituée comme il sera dit ci-« après, se propose de grouper les patrons des différents « pays, industriels et négociants, voulant tous mettre un « terme à la lutte insensée du travail contre le capital ou « du capital contre le travail, pour arriver à concilier en-« semble ces deux forces qui ne peuvent fonctionner iso-« lément.

« Art. 2. L'association sera dite *Association internationale des Patrons*.

« Art. 3. Il sera établi un conseil général composé de « patrons représentant les différentes nations faisant partie « de l'association internationale. Ce conseil comprendra, « par pays, trois membres élus pour un an. Les membres

« réunis éliront un président, un secrétaire général, et un
« trésorier.

« Chaque année, un congrès fixera le siége du conseil
général.

« Art. 4. Le congrès, composé comme on le verra plus
loin, entendra le rapport, présenté par le conseil général,
des travaux de l'année.

« Ce rapport sera publié.

« Art. 5. Pour que les patrons d'un pays puissent con-
« naître exactement les besoins et les aspirations des pa-
« trons et des travailleurs d'un autre pays, le conseil
« général entretiendra des relations constantes avec les
« comités centraux de l'association, dont il sera parlé ci-
« après.

« Des bulletins, publiés tous les jours par le conseil
« général, signaleront les communications importantes.

« Le conseil pourra même soumettre son opinion tou-
« chant une difficulté quelconque.

« Art. 6. Dans chaque pays, les membres de l'associa-
« tion internationale des patrons formeront des sections,
« et, s'il y a lieu, des groupes.

« Il y aura une section par localité. Mais une section
« qui renfermera moins de cinquante membres sera tenue
« de se réunir à une section voisine.

« La réunion de deux ou d'un plus grand nombre de
« sections constituera un groupe.

« Art. 7. Les groupes et les sections de chaque pays éli-
« ront, pour un an, un comité central de vingt-cinq mem-
« bres qui, outre un rapport trimestriel, adressera des
« rapports hebdomadaires au conseil général, recevra ses
« communications et les transmettra aux sections et aux
« groupes.

« Le comité central de France aura son siége à Paris.

« Art. 8. Si des contestations s'élèvent entre certaines
« sections ou certains groupes d'un pays, le comité central
« videra le différend, sauf appel au conseil général.

« Art. 9. Tout industriel ou négociant, membre de l'as-
« sociation, qui transportera à l'étranger son industrie ou
« son commerce, sera admis de droit dans la section ou le
« groupe de la localité où il s'établira.

« Art. 10. Tout membre de l'association est électeur.
« Tout électeur est éligible.

« Art. 11. Le congrès annuel sera composé, pour
« chaque pays, de cinquante délégués des sections et des
« groupes.

« Art. 12. L'admission dans l'association est prononcée
« par les sections et les groupes, mais une section ou un
« groupe peut toujours prononcer l'exclusion d'un patron
« pour des motifs graves qui seront communiqués, par le
« comité central, au conseil général.

« Art. 13. Pour fonder l'association des patrons sur les
« bases indiquées plus haut, il est institué un comité d'ini-
« tiative de quinze membres. Ce comité est composé de
« MM. . . . .

« Art. 14. Chaque membre de l'association payera une
« cotisation annuelle dont le chiffre sera fixé ultérieure-
« ment.

« Art. 15. Tout ce qui n'est pas prévu par les présents
statuts sera l'objet d'un règlement spécial. »

*
* *

Aussitôt que les sections et les groupes de France
seront constitués, le comité d'initiative disparaîtra
pour faire place au comité central.

Ce comité se mettra immédiatement en relation

2

avec les comités centraux de l'étranger, et provoquera la nomination du conseil général.

*
* *

Patrons! nous ne pouvons rien sans vous, et
nous pouvons tout avec vous.

Organisez-vous.

Formez des sections et des groupes.

Que les enthousiastes entraînent les indifférents,
et que tous apportent à l'œuvre un dévouement
éclairé.

*
* *

Lorsqu'on se trouve en présence d'un problème
qui a déjà eu le privilége d'user la vie, en usant
l'intelligence d'un grand nombre de penseurs et de
moralistes, on est parfois tout étonné d'apprendre
qu'il ne fallait, pour approcher de la solution,
qu'un peu de bon sens.

Qui nous dit que l'Internationale des patrons, en
s'élevant vis-à-vis de l'Internationale des travailleurs, n'amènera pas les patrons et les travailleurs à se donner la main et à former en France,
et dans les autres pays, la ligue des citoyens utiles,
qui produisent et qui consomment, contre les non-
valeurs, c'est-à-dire les oisifs, qui consomment e
ne produisent pas?

Dans tous les cas, l'entreprise est séduisante.

S'il ne faut, pour la mener à bonne fin, que notre courage et notre persévérance, le succès est certain.

*
* *

Aucun patron ne nous a conseillé.

Ajoutons : aucun travailleur.

On peut ajouter foi dans la parole d'un homme qui n'a jamais menti.

Mais nous avons pensé qu'il fallait calmer la crainte et apaiser le ressentiment.

Le projet que nous soumettons à nos lecteurs trahit les secrètes préoccupations d'un citoyen qui a pour devise ces mots de Juvénal : *Vitam impendere vero*, « dévouer sa vie au vrai,» c'est-à-dire au bien public.

II

Que voulons-nous ?

Avant d'aller plus loin, nous déclarons haute-
ment que nous n'avons pas trouvé, en socialisme,
la pierre philosophale.

Nous voulons corriger des abus, certes ; mais
nous ne complotons pas, dans le silence et l'ombre,
le sauvetage de la société.

Des notions fausses ont jeté dans les esprits une
perturbation profonde.

Tout homme a le droit de vivre.

Ajoutons : le droit de travailler et le droit de
posséder.

Le devoir de la société, c'est, en effet, de respecter ma personne, de ne gêner en rien l'exercice de

mes facultés, et de m'assurer, sur la propriété, la libre possession des fruits de mes labeurs.

*
* *

Malheureusement, on a fait, du droit de vivre, le droit à la vie; du droit de travailler, le droit au travail; et, du droit de propriété, le droit à la propriété.

Il en résulte que la société aurait pour mission de donner des moyens d'existence à ceux qui en manquent, de nourrir et de loger ceux qu'elle ne peut occuper, et d'attribuer à chaque membre du corps social une fraction de la propriété collective.

Ces principes erronés, en séduisant les masses, ont tout simplement conduit les déshérités à proclamer une égalité qui tendrait à faire descendre ceux qui sont en haut.

*
* *

A qui la faute?

Aux inventeurs de systèmes, qui sont partis de ces données aussi contestées que contestables, pour se demander comment l'État pourrait garantir chaque citoyen du travail ou du pain.

A travers les éclaircies d'une intelligence obscure, on apercevait bien que le droit à la vie, au travail et à la propriété, était un droit contre le droit; mais, après avoir avoué que la société n'avait pas pour mission de nourrir les désœuvrés, on s'est vite demandé s'il n'était cependant pas possible de fonder un ordre de choses où personne ne pût mourir de faim.

Sans hésiter, on a répondu : oui.

Une telle affirmation vint augmenter l'audace de ces prétendus créanciers du corps social qui s'affirment par l'émeute, et ne rentrent dans l'ordre que pour se ménager l'occasion d'en sortir.

*
* *

Ainsi, d'après les grands prêtres du parti socialiste, le problème social se réduit à une question de moyens.

Il s'agit de savoir comment il faut s'y prendre pour faire régner, par l'abondance, l'union, la concorde et la paix.

Les sauveurs, ce sont ces esprits inquiets et troublés qui prétendent administrer à l'humanité le remède capable de ramener l'espérance dans les cœurs, et l'harmonie dans le monde.

*
* *

Quant à nous, nous ne voulons pas réformer l'humanité. Encore moins la déformer.

Mais la situation du capital et du travail nous a toujours surpris et parfois attristé.

Lorsque, sous l'ancien régime, on parlait à une marquise chiffonnée et démaquillée, du peuple, la petite grande dame répondait : « Le peuple, qu'est-ce que c'est que ça ? »

Ça ! c'était tout simplement une puissance qui grandissait.

Mais la noblesse festoyait, gouaillait et se croyait si sûre du lendemain, qu'elle ne daignait pas s'apercevoir de l'œuvre accomplie par ces parias qui allaient détruire la Bastille.

Aujourd'hui, les patrons sont aussi imprévoyants que les anciens nobles. Qu'est-ce que l'*Internationale des travailleurs?* Quel est son but? Quels sont ses principes et ses tendances? Vous pensez que les patrons, qui sont les premiers intéressés, vont tous vous répondre en chœur ? Hélas ! sur dix chefs de maisons, deux peut-être vous prouveront qu'ils ne sont pas complétement étrangers au mouvement social.

Pénétrez dans les usines, et asseyez-vous devant les comptoirs. Vous trouverez presque partout des hommes aussi calmes et aussi libres d'esprit que si le danger qui les menace avait entièrement disparu.

Qu'est-ce à dire, pourtant? Ces gens-là seraient-ils braves? Oh ! non. La bravoure exige la connaissance du péril, et les patrons ne se doutent même pas qu'ils marchent sur un volcan.

Le capital ressemble assez aux généraux de Bonaparte, qui se faisaient apporter des écrevisses par les espions prussiens, et se faisaient battre avant la fin du festin.

*
* *

Le travail, lui, ne perd jamais des yeux la proie qu'il guette. S'il consent à faire bon ménage avec l'adversaire qu'il va terrasser et anéantir, c'est qu'à son amertume vient se mêler un peu de pitié. Napoléon, à Warterloo, s'apitoyait déjà sur le sort des beaux régiments ennemis qu'il voyait défiler au loin. Ainsi fait le travail lorsqu'il remarque l'imprévoyance du capital. D'ailleurs, il modère son impatience, se résigne et attend la liquidation sociale.

Cette idée d'un dénoûment heureux fait regarder l'état actuel comme un état transitoire. On se voit campé au milieu d'une société où l'on va prendre un *status* régulier. On voudrait bien avoir fait halte dans le paradis de Mahomet, où l'on pourrait du moins vivre sans prendre trop de peine.

Par malheur, on s'est trouvé aux prises avec des nécessités réelles, et il a fallu collaborer avec le capital à l'œuvre de la production.

On n'a pris cette résolution que contraint et forcé. L'esprit, fasciné, voyageait pendant que la main accomplissait pesamment et négligemment sa tâche quotidienne.

Le travail, d'abord moins attrayant, n'a pas tardé à devenir repoussant. Comment peut-on mettre toute son âme dans une œuvre, quelle que minime qu'elle soit, lorsqu'on est persuadé qu'il suffit, pour supprimer les patrons, de mettre le feu aux poudres ?

*
* *

Cette perspective d'un nivellement général énerve et affaiblit les courages des revendiquants.

Autant de citoyens utiles livrés à la paresse. Autant de désœuvrés, par suite de non-valeurs.

S'il y a celles d'en haut, il y a aussi les non-valeurs d'en bas.

C'est contre les unes et les autres que nous voulons nous élever.

En donnant au capital la prudence, la sagesse et, disons-le, l'intelligence qui lui manquent, nous apprendrons au travail qu'on ne peut bâtir une société parfaite que dans les nuages qui passent et fuient.

La liquidation sociale, que des farceurs promettent aux naïfs, c'est le gigot que Fernand Cortez, à son équipage murmurant, faisait entrevoir dans les brumes de Mexico.

Jusqu'ici, le capital et le travail ont vécu dans la position de deux individus qui fortifient leur ini-

mitié de la confiance absolue qu'ils ont en eux-
mêmes.

Le capital méprise tellement le travail, qu'il rit
de ses menaces.

Le travail, lui, est si sûr de vaincre, qu'il plaint
déjà sa victime.

Situation bizarre.

D'un côté comme de l'autre, il y a une illusion
coupable.

Nous tenterons de ramener aux enseignements de
la saine raison les patrons et les travailleurs que
de fausses interprétations ont jetés dans les excès.

Non, nous ne voulons pas sauver la société qui
ne l'a été que trop souvent.

Mais nous dirons aux salariants et aux salariés
ce qu'ils doivent faire et éviter pour se ménager, et
ménager à leur pays la sécurité qui fait un peuple
heureux, prospère et libre.

III

L'année 1848 vit les journées de Juin ; et pourtant, l'*Internationale des travailleurs* n'existait pas il y a 23 ans.

Rassurons-nous : si la *Commune* n'avait pas eu, pour la soutenir et l'encourager, la vaste association que M. Dufaure a rêvé de détruire, la *Commune* n'eût pas moins été proclamée. Mais, hâtons-nous de le dire, l'*Internationale des travailleurs*, par son organisation puissante, a donné à la lutte sociale de 1871 une durée et une opiniâtreté qui lui assurent un caractère spécial dans les fastes révolutionnaires.

*
* *

Précisons · La vraie cause du mal, ce n'est pas

l'Internationale, c'est la question sociale. Pourquoi y a-t-il une question sociale ? Cela revient à se demander pourquoi il y a des mécontents, c'est-à-dire des déshérités.

Il faut avouer que si le travail est la principale source de la richesse, il peut se présenter des cas où l'homme intelligent, honnête et actif, se trouve dominé par une situation qu'il n'a point créée, et au milieu de laquelle il use, pour un maigre salaire, son intelligence, son honnêteté et son activité.

Des patrons, partis de très-bas, se sont trouvés un jour à la tête de grands établissements industriels. Pourquoi ? Tout simplement parce qu'ils ont inspiré quelque crédit, et qu'ils ont pu, à la faveur d'un capital emprunté, s'établir à leur tour et prospérer.

Auraient-ils prélevé sur leurs salaires la somme qu'ils ont reçue d'un bailleur de fonds ?

Non, certes. Il en résulte qu'il ne suffit pas, pour s'élever à la bourgeoisie, d'avoir toutes les qualités désirées et désirables ; avant tout, il faut posséder ce bien précieux qu'on nomme la chance.

L'accession d'une classe à l'autre repose donc sur un *alea*.

Les envieux et les ennemis sont ceux que cet *alea* ne vient pas favoriser.

*
* *

Quand on a doublé le cap des tourmentes, on oublie facilement les angoisses des mauvais jours.

Lorsque des ouvriers deviennent patrons, ils ne se disent pas qu'ils ont tout simplement sué sang et eau pour jouir du privilége de faire travailler, après avoir travaillé.

Ils approuvent une organisation économique dont ils ont souffert les premiers, pensent qu'il doit y avoir des salariants et des salariés, c'est-à-dire un haut et un bas, et acceptent, comme marchant droit, une société boiteuse.

*
* *

Mais les camarades qui n'ont pu franchir l'échelon qui mène au patronat, continuent à rouler leur rocher de Sisyphe en se demandant tout bas ce qu'ils doivent tenter pour améliorer leur sort. L'instinct leur dit que la répartition des produits du travail n'est pas faite selon les règles de la justice et du droit, et leur imagination les porte aussitôt vers une société nouvelle qui aurait tout simplement l'avantage de nous faire regretter l'ancien état de choses.

Ce qu'il faut souhaiter, c'est l'association réelle et effective des patrons et des ouvriers.

Cherchez des solutions pratiques. Imitez la maison Leclair, A. Defourneaux et Cⁱᵉ. En 1870, les

bénéfices étaient de 129 000 fr. Aux termes des
statuts, 10 0/0 des bénéfices sont attribués au fond
de réserve; 25 0/0 reviennent aux patrons et 65 0/0
aux ouvriers. L'année dernière, le capital a donc
touché 29 000 fr. et le travail, outre les salaires, 87 000 fr.

*
* *

Si tous les établissements industriels fonction-
naient comme la maison Leclaire, il y aurait sans
doute moins de rivalités jalouses, moins de passions aveugles et moins de haines sauvages au milieu des nations modernes.

Ce sont ces rivalités, ces haines et ces passions
qui ont porté les travailleurs à répondre à la voix
des rêveurs qui, moyennant peu d'argent, et beaucoup de considération, se sont chargés de faire arriver au pouvoir, dans chaque pays, la classe la
plus puissante par le nombre et l'activité.

L'*Internationale des travailleurs* fut un accident, un
de ces accidents qui naissent d'un besoin actuel.

Le malheur rapproche les hommes. Les ouvriers
souffraient d'un mal qui allait affaiblissant et con-
sumant des intelligences et des volontés. Ils se
sont communiqué leurs plaintes, et ont cherché,
dans leur monde, l'écho de leurs aspirations. Un
long tressaillement s'empara des masses. On allait
se compter comme à la veille d'une bataille !

Au fond, Karl Marx et les siens voulaient discipliner les forces qui menaçaient la société d'aujourd'hui, et qui allaient de nouveau tenter l'asssaut des priviléges.

L'*Internationale des travailleurs* a été le moyen.

La cause, ce fut le dédain, affecté ou réel, du capital à l'endroit du travail.

C'est ce dédain que nous voulons combattre.

Mais que les patrons aient le courage de nous suivre dans nos déductions. Supposons que l'association des travailleurs, partout poursuivie et partout proscrite, ne devienne pas plus redoutable en se transformant en société secrète ; admettons que les liens qui unissent les ouvriers d'un pays, et de tous les pays, soient tout à coup brisés et que les salariés ne reçoivent plus de mot d'ordre de Paris, de Londres ni de Berlin :

Sera-t-on plus sûr du lendemain et aura-t-on enfin conquis une sécurité durable ? Nullement.

*
* *

Si l'insurrection du 18 mars eût éclaté sans l'*Internationale des travailleurs*, nous ne voyons pas en quoi cette association serait indispensable à l'avénement d'un autre comité de salut public.

Qu'on ne s'y trompe pas, l'ennemi qui veille et qui rôde, guettant et épiant le capital, ce n'est pas l'affilié de Karl Marx, c'est le travailleur que les déceptions de la vie ont poursuivi et ont aigri.

Voulez-vous, patrons, ramener l'espérance dans cette âme qui désespère ; voulez-vous que cette énergie qui sommeille ne serve pas un jour à vous anéantir, et que ce volcan qui couve ne fasse pas irruption sous vos pieds? Si votre intérêt personnel, à défaut de patriotisme, vous conseille et vous guide, songez à demain, et cherchez, dans l'organisation, le moyen de vous gagner des hommes qui seraient fiers de mériter votre estime et de vous donner leur amitié.

Vous pouvez, par l'amour, étouffer la haine.

Faites-le. Aimez et l'on vous aimera.

Organisez-vous dans ce but, et l'*Internationale des patrons* ne sera pas inutile.

IV

En 1862, les ouvriers français, envoyés à l'Exposition de Londres, portèrent en Angleterre l'idée de solidarité et d'union.

Plus tard, le 28 septembre 1864, un meeting eut lieu à Londres dans *Saint-Martin's Hall*. Après y avoir défendu les droits de la Pologne, on y vota l'organisation de l'*Internationale des travailleurs*, et un comité d'initiative fut constitué.

On a donc pu dire avec raison, à propos de cette association :

« Venue au monde à Paris, elle a été mise en nourrice à Londres. »

Mais, avant de parler de l'esprit et des tendances de cette nouvelle franc-maçonnerie, esquissons à

grands traits le mouvement social qui s'est accusé
avant 1862.

* *
*

Les travailleurs avaient fait, pour la bourgeoisie,
la révolution de 1830. Un peu désappointés après
la victoire, ils tentèrent, en 1832, de se soulever à
Lyon. Traqués par le pouvoir, ils se réfugièrent
dans les sociétés secrètes.

C'est là que les trouva l'émeute du 12 mai 1839.

Les républicains, battus et découragés, résolurent de déposer les armes. Mais, aussitôt, on les
vit entreprendre, en faveur de la réforme électorale, cette campagne qui devait aboutir au 24 février 48.

Pour mener à bonne fin cette révolution pacifique, que l'obstination d'un ministre allait transformer en révolution sanglante, il fallait aux républicains l'appui des ouvriers.

Ces derniers, tout en acceptant le programme
des Jacobins, sentaient qu'ils ne pourraient arriver
à s'affranchir qu'à la condition de constituer un
parti distinct et homogène.

*
* *

Au lendemain de 1830, ceux qui avaient profité
du changement de gouvernement trouvaient que

tout allait bien, et s'endormaient sur les lauriers que, d'ailleurs, ils n'avaient pas cueillis.

La bourgeoisie était conservatrice.

Mais les travailleurs, qui n'avaient rien gagné à détrôner Charles X, cherchèrent, sur le terrain légal, la réhabilitation de leur classe.

Des écoles philosophiques et socialistes étudient le mal dont souffrent les sociétés modernes, en recherchent les causes, et en signalent les remèdes. Les ouvriers, toutefois, s'appartiennent avant d'appartenir à une école quelconque. A travers leurs aspirations, on saisit la volonté arrêtée d'exercer une influence sur les affaires du pays.

A cette époque, le vote censitaire met la puissance politique dans les mains de la bourgeoisie.

Que voulaient les travailleurs? La réforme électorale.

Pour calmer leur anxiété et s'apprendre à espérer, ils se jetèrent dans la coopération.

*
* *

Qu'était-ce que la coopération?

C'était la République dans l'atelier.

Des ouvriers, au moyen d'une cotisation prélevée sur leurs salaires, constituent un capital qui leur permet de se procurer l'outillage, les matières premières, et de louer un atelier où ils s'installent :

ils ont tout simplement, entre eux et à petit bruit, préparé et accompli leur affranchissement.

Parfois, le but à atteindre sera moins éloigné. On voudra, en s'imposant des taxes hebdomadaires ou mensuelles, établir et faire fonctionner une société de consommation.

Le rêve des exploités, c'est de supprimer les exploiteurs. Ils y arrivent par la coopération.

Mais quand ils ne peuvent abandonner le patron à lui-même, ils rendent inutiles, pour la plupart des choses nécessaires à la vie, les intermédiaires entre les producteurs et les consommateurs, vivent mieux et à meilleur marché.

Ce résultat n'est pas à dédaigner.

*
* *

On le voit, la coopération n'est pas le communisme, ce n'est pas le phalanstérisme. C'est encore moins l'individualisme.

Buchez, le premier, peu d'années après 1830, préconisa cette idée en France sous le nom d'*association ouvrière.*

Des groupes d'ouvriers en tentèrent l'application, entre autres les *bijoutiers en doré*, dont la société, fondée en 1834, s'est maintenue jusqu'aujourd'hui sous la raison sociale : Dréville, Thiébaut et Cⁱᵉ.

*
* *

Mais le Code pénal était là. On s'en souvint en

1840. La magistrature, toujours zélée, surtout quand il ne faut pas de zèle, poursuivait, avec la même rigueur, les partisans de la coopération et les grévistes. Un jour même, les ouvriers tailleurs de Paris, ayant eu la fatale pensée de protester un peu trop bruyamment contre une mauvaise législation, reçurent, pour toute réponse, une charge de cavalerie, et de nombreuses années de prison.

La persécution, légale ou illégale, fera toujours grandir l'énergie qu'elle veut combattre. Frapper les travailleurs, c'était jeter de l'acide sur un feu couvant.

La classe ouvrière rebondit contre la haine de ses persécuteurs, et puisa de nouveaux éléments de force dans la création d'une presse où les intéressés se firent eux-mêmes les défenseurs de leur cause.

L'*Imprimerie* vit le jour. Ce journal, rédigé par des ouvriers typographes, ne vécut que peu de mois.

L'*Atelier* vint ensuite. Il avait pour rédacteur en chef M. Corbon. Écoutez l'appel aux frères des départements :

« Guidés, disent-ils dans un passage, par un sentiment de justice et de fraternité, nous essayons de secouer le joug du privilége qui nous écrase, nous tentons de sortir de l'ilotisme et de l'esclavage auxquels nous semblions condamnés à jamais. Si c'est Paris qui fait le premier entendre le cri de réforme, il est en cela l'expression et le porte-voix de la France entière. Apportez votre part au centre ; commun que nul n'ignore que tous les travailleurs se considèrent comme solidaires. »

Et cela s'écrivait en septembre 1840 !

Les ouvriers de province et de l'étranger se mirent aussitôt en relation avec ceux de Paris. La lutte du travail contre le capital venait de commencer.

*
* *

En 1842, L'*Atelier* adressa aux ouvriers chartistes d'Angleterre un appel où l'on remarque les passages suivants :

« Vos souffrances et vos efforts pour renverser l'injustice qui pèse sur vous, vous ont offert au monde entier comme un haut enseignement de la Providence ; et nous qui, comme vous, ne voulons plus supporter l'oppression, nous avons résolu de renouveler avec vous une vieille alliance qui n'aurait jamais dû être brisée ; car l'Angleterre et la France n'ont pas toujours été en guerre, ni même divisées d'intérêts comme elles le sont aujourd'hui.... Ceux qui, des deux côtés, ont amené cette profonde division, l'ont fait par égoïsme, et ils maintiennent maintenant leur œuvre de tous leurs efforts, car ils savent bien que lorsque nous nous serrerons étroitement la main, l'heure du peuple sera venue, et leur propre fin sera prochaine. Unissons-nous donc fraternellement . . . .

. . . .

« Quand vous aurez créé l'organisation qui vous manque ; quand de notre côté nous aurons atteint le même résultat, nous toucherons à la fin de nos malheurs. . .

. . . .

« Unissons-nous donc étroitement, pour que tous ceux qui souffrent ici-bas espèrent la fin de leurs maux, en invoquant l'éternelle alliance des ouvriers de France et d'Angleterre. »

Les chartistes répondirent:

« Frères et amis,

« Nous avons reçu votre journal l'*Atelier*, numéro d'octobre. Nous vous remercions de grand cœur des sympathies que vous y exprimez pour nos souffrances et pour les efforts que nous faisons afin d'en détruire les causes. .

. . . .

« C'est la même classe, l'aristocratie de la fortune, qui maintenant arrête le progrès de la liberté en France comme en Angleterre.... Quelle autre vous a vendus en 1830 et vous a vendus en 1832? Quelle autre cause paralyse le travail de la démocratie en Amérique? Nous voulons nous réunir à vous pour renverser cet obstacle. . . . . . .

. . . .

« Pour nous, l'affranchissement politique n'est pas le but, mais le moyen du but. Le but que nous poursuivons, c'est la destruction des misères et des iniquités sociales, et l'établissement d'une organisation qui assure la plus grande et la plus large diffusion du bien-être. La réforme politique n'est pour nous que la porte de la réforme sociale. »

L'association fut également conseillée aux ouvriers par le *Phalanstère*, la *Phalange*, la *Démocratie pacifique* et l'*Organisation du travail*.

Au moment où éclate la révolution de 48, les travailleurs de France et de l'étranger éprouvent le besoin de confondre leurs vœux et de formuler en commun leurs aspirations. Ils ont le vague instinct d'une association internationale.

Patience! l'idée mûrira.

V

La révolution du 24 février fut accomplie, non par la Chambre, mais par le peuple.

Les travailleurs acceptèrent le nouveau gouvernement qui leur donnait le droit de suffrage.

L'esprit d'association, contenu et maintenu sous le règne de Louis-Philippe, surgit du sein des masses, après la chute de la monarchie, avec une vigueur nouvelle. Des sociétés de production et de consommation s'organisèrent et s'improvisèrent dans les différents genres d'industrie et de commerce.

Les travailleurs, admis enfin à exercer, par leur vote, une influence sur les affaires du pays, pensaient pouvoir briser légalement les résistances de la bourgeoisie lorsqu'ils tenteraient de réaliser les réformes indispensables à l'affranchissement de leur classe.

Le Gouvernement provisoire, pour ne pas être emporté par le flot humain qu'il entendait mugir sous les fenêtres de l'hôtel de ville, chargea Louis Blanc, un bourgeois, et Albert, un ouvrier, de réunir au Luxembourg les délégués des corporations ouvrières de Paris.

L'ancien palais de la Chambre des pairs fut témoin de discussions longues et passionnées, où l'on saisit, surnageant au milieu d'un océan d'idées, le principe du groupement professionnel imposé par la suppression du patronat et de la spéculation.

Mais il y a loin, parfois, de la théorie à la pratique. Rien de plus facile que de décréter l'abolition du capital.

Reste à savoir, une fois le capital disparu, comment le travail pourra se tirer d'affaire.

L'Assemblée nationale Constituante, sur un rapport de M. Corbon, accorda aux associations ouvrières une subvention de trois millions.

*
* *

Les délégués du Luxembourg témoignaient d'un désir ardent de réaliser, chez les travailleurs, des espérances trop souvent déçues. Hélas! Après leurs longs débats, ils se virent contraints d'exhorter leurs frères à la patience.

Pour prévenir l'irritation, on organisa les ateliers nationaux. En voulant les dissoudre, on provoqua l'insurrection de juin.

Les vastes horizons entrevus en février se ferment quatre mois plus tard. On se réveille un jour, plein d'élan et d'enthousiasme, et la République vient promettre aux déshérités un avenir moins sombre.

Mais le rêve dure peu. Après la victoire de Cavaignac, les associations ouvrières sont dissoutes par l'autorité, ou se désorganisent d'elles-mêmes, par suite de la proscription de leurs membres: Dans le petit nombre de celles qui survivent au naufrage, sans doute parce qu'elles parviennent à se faire ignorer, on remarque, sous le nom de sociétés de secours mutuels, des sociétés secrètes corporatives.

*
* *

On peut le dire, 48 fut, pour la classe ouvrière, une déception.

La bourgeoisie avait vaincu en juin; et lorsque la bourgeoisie, dans la nuit du 2 décembre, tenta de soulever les faubourgs contre l'usurpateur, elle se trouva en présence d'une indifférence obstinée.

L'aventurier qui guettait la République avait noyé

dans le sang le gouvernement populaire. L'empire fut proclamé, et la nuit, favorable aux bandits, régna sur toute la nation.

L'idée d'association, étouffée en France, alla demander la vie à l'étranger, et porta ses fruits en Suisse, en Allemagne, en Angleterre, même en Amérique.

*
* *

L'empire, toutefois, installé chez nous comme un intrus, cherchait à se faire pardonner en se mettant bien avec les gens de la maison.

Le difficile était de persuader aux ouvriers qu'ils avaient tout à attendre d'un gouvernement césarien. Si les insurgés de février avaient salué l'avénement de la République, qui leur promettait la liberté politique et qui s'efforça de tenir sa promesse, on n'eût pas compris que les blousiers de 48 eussent témoigné quelque sympathie à la monarchie bâtarde qui venait les étrangler.

Au fond, les travailleurs reprochaient à la bourgeoisie de les avoir vaincus, et ne savaient aucun gré à Bonaparte d'avoir bâillonné, au 2 décembre, les vainqueurs de juin.

Pourtant, on insinua aux salariés qu'un gouvernement, ayant le droit de tout faire, peut tout permettre et tout interdire.

Lorsque, disait-on, le silence général n'est inter-

rompu que par les petites indiscrétions d'une presse
vénale et vendue, les ouvriers ne seraient-ils pas
heureux de pouvoir discuter librement entre eux
les questions de salaires, de mutualité et autres?
Assurément, répondait-on, mais la logique oblige
les travailleurs à condamner l'arbitraire et le bon
vouloir. On répliquait d'un air triomphant :

Certes ; mais la nécessité, plus forte que la logique, leur fait une loi d'accepter l'empire et sa
politique.

Les ouvriers pourront donc parler sous la surveillance des commissaires de police, des gendar-
mes et des sergents de ville, auxquels ils seront
tenus de plaire ; ou ils refuseront toute espèce de
compromis, et garderont le silence.

On hésita, puis l'on céda.

Et, en 1860, un journal bonapartiste, l'*Espérance*,
publia une *Tribune des travailleurs.*

*
* *

Pendant un certain temps, on s'y appesantit sur
des questions de détail ; mais on éprouva bientôt
le besoin d'indiquer un remède aux maux qu'on
signalait. D'où venaient ces maux? De l'isolement
de l'ouvrier. Pour améliorer la situation générale,
il fallait donc grouper les salariés. On proposa un
groupement professionnel sous le nom de *Corporations nouvelles.*

On lisait dans l'*Espérance :*

« Si les peuples se groupent en nations selon leurs ap-
titudes, leur caractère, leur mission, leur langue, afin d'ê-
tre plus forts et plus libres et réellement maîtres de leurs
destinées, pourquoi les travailleurs de chaque industrie
n'auraient-ils pas le droit de se grouper en corporation
afin d'être, eux aussi, plus forts, plus libres et maîtres de
leurs destinées ?

« C'est là notre question à nous, la question corporative.

. . . .

« Ce n'est pas le travail qu'il s'agit d'organiser, mais
les travailleurs, pour qu'eux-mêmes ils décident toutes les
questions relatives au travail.

« Ce n'est pas, en effet, telle ou telle amélioration que
nous voulons, mais le moyen de réaliser successivement,
par nous-mêmes, les améliorations que nous jugerons utiles, en un mot l'instrument permanent de notre progrès. »

Mais on a besoin de la haute protection de l'Empire. Aussi ne craint-on pas d'ajouter :

« Les corporations, pour se relever, ont besoin de l'intervention de l'État, comme l'Italie pour se relever, avait
besoin de la France. Mais cette intervention doit être bor-
née au temps strictement nécessaire, indispensable à l'affranchissement.

« Une fois libres et laissées à la plénitude de leur action,
les corporations jouiront d'une prospérité, et d'un crédit
qui n'étonnera pas moins que celui de l'Italie n'a surpris
les hommes du passé.

« Alors, nous aurons notre budget corporatif, nos em-
prunts, nos banques, nos caisses de retraite, nos secours

mutuels, notre éducation professionnelle, une foule d'institutions corporatives qui dispenseront les autres de s'occuper quotidiennement de notre bonheur et malheur ; car
nous serons les artisans de notre propre fortune. »

Les *Corporations nouvelles* donnent l'idée des conseils de conciliation institués, vers la même époque
en Angleterre, et dont nous parlerons plus loin.
On voulait, en effet, dans une chambre mixte, mêler les patrons aux ouvriers.

*
* *

En 1862, les travailleurs commençaient à redouter les présents de l'Artaxercès des Tuileries. Ils
voyaient qu'ils ne pourraient améliorer leur position que s'ils étaient protégés par des institutions
libres. Pour s'éviter l'amertume de la spoliation,
ils voulaient assurer d'abord leur affranchissement
politique.

En Angleterre, en Allemagne et en Italie, on
parlait d'organiser politiquement le *parti des travailleurs*.

Le réveil fut presque général. La réforme politique devait amener la réforme sociale ; mais bientôt,
l'attente d'un nouvel ordre de choses, en exaltant
certains esprits, fit naître, par les grèves, un ma-
laise inquiétant.

Alors, les travailleurs comprirent qu'ils ne lutteraient avec avantage contre le capital que s'ils savaient se contenir les uns les autres, et apporter dans le conflit le concours de volontés disciplinées.

Et, dans toute l'Europe, les salariés sentirent le besoin de s'unir par des liens solides.

Aussi, lorsque les délégués parisiens parlèrent, en Angleterre, de solidariser le prolétariat, les envoyés français étaient certains de trouver, chez leurs collègues de l'étranger, une vive sympathie.

VI

Esprit de l'association des travailleurs à ses débuts.

Entre l'amour et la haine, il y a la distance qui sépare l'affirmation de la négation.

Après 48, il n'était pas difficile de faire naître, chez les proscrits de Londres et au sein des classes ouvrières anglaises, le besoin de renverser l'état de choses alors existant, et de supprimer les dominateurs du jour pour dominer à leur place.

Un Juif de la Prusse rhénane, Karl Marx, exploita de vagues aspirations en donnant l'idée d'un communisme pratique, si tant est que ces deux mots puissent s'accorder.

C'est en portant sur la société un œil d'envie, que l'Allemand jeta les bases de la vaste conspiration qu'il méditait.

Pour évoluer à l'aise, et atteindre plus sûrement son but, il s'empressa de nier tout ce qui le gênait.

D'abord, il nia Dieu.

A vrai dire, on ne sait pas bien s'il existe un être suprême.

A force de croire, on ne croit plus.

De même, on désespère alors qu'on espère toujours.

Mais on comprend que l'athéisme atteigne d'abord les ennemis de la société.

Les heureux, qui arrivent à la fortune par leur talent ou leur sottise, leur honnêteté ou leur gredinerie, sont assez disposés, les jours de pluie, à attribuer leur succès à l'intervention d'une providence.

Les déshérités, au contraire, par les inégalités dont ils souffrent, sont naturellement portés à dire que le monde n'est qu'une immense cour des Miracles où les plus malins et les plus roués, sans s'inquiéter ni de Dieu ni du diable, font la nique aux honnêtes gens.

Il faut que les honnêtes gens, crédules ou incrédules, fassent la loi.

Un être supérieur, régissant l'univers, ne pourrait que limiter la liberté d'action des réformateurs

qui prétendent remettre d'aplomb les sociétés mal
équilibrées.

Quand on marche vers des horizons nouveaux,
il faut être soi.

Être soi, c'est ne relever de personne, pas même
d'un manitou.

Ainsi procéda Karl Marx, et il serait fort étrange
qu'il eût procédé autrement.

*
* *

La négation de Dieu amena, chez le Teuton, la
négation des nationalités.

Le travailleur qui combat le capital, l'exploité
qui lutte contre l'exploiteur n'est ni Français,
ni Anglais, ni Allemand, ni Espagnol. Il appar-
tient à la grande patrie de ceux qui usent leur
temps et leur énergie pour engraisser des tripoteurs, des agioteurs et des noceurs : il est citoyen
de l'humanité.

Permis à des cerveaux étroits de trouver la
marque d'une intelligence supérieure dans la formation des nationalités, et d'adapter les réformes
sociales au tempérament, au caractère, et aux besoins réels des différents peuples. Quand on s'élève
au-dessus des petites préoccupations d'amour-propre, on reconnaît que l'homme est le même partout, et que le Russe et l'Américain, qui souffrent

d'un état de choses qu'ils condamnent, éprouvent
le même désir et la même volonté d'en sortir.

Dès lors à quoi bon respecter les frontières ? Le
mieux, c'est encore de ne voir, dans le monde,
qu'un même peuple parlant plusieurs langues.

*
* *

Et la famille ? On la désagrége et on la dissout
au milieu des petites communautés qui constituent
la *Commune*.

On nie Dieu, les nationalités et la famille. Pourquoi ? Pour arrêter et abolir la production capitaliste.

Mais s'il faut réformer l'organisation actuelle,
comment pourra-t-on triompher des répugnances,
et même des résistances, qui ne manqueront pas
de se produire ?

On attendra une grande guerre.

Lorsque les armées de quelques États seront oc-
cupées à vaincre, et à se faire battre, il se produira
en Europe un certain trouble. On profitera de ce
trouble pour s'emparer d'une ou de plusieurs ca-
pitales.

La révolution sociale, accomplie sur le continent,
aura aussitôt en Angleterre un terrible contre-
coup.

Sur la voie du progrès, chaque nouvelle étape est marquée par un monceau de cadavres.

Les colonies d'Amérique ont conquis leur indépendance par les armes; et, c'est au prix du sang répandu, que les Américains de 1776 ont fondé cette République dont l'énergie ne faiblit pas.

Et nous, Français, n'est-ce pas au moyen de la force que nous avons détruit, en 89, les priviléges de la noblesse.

S'il est vrai que le capital soit le grand obstacle au libre développement des nations modernes, comment donner au travail la place qu'il réclame et qu'il prétend occuper, sans exproprier brutalement les capitalistes?

Pense-t-on que les nobles du 10 août auraient fait amende honorable, s'ils n'avaient pas entendu gronder derrière eux le flot populaire?

Si les capitalistes doivent disparaître, on ne pourra assurément les décider à s'éclipser que par les arguments *ad hominem* que viennent consacrer et accentuer de nombreux bataillons de soldats-citoyens.

* *

Il est, certes, très-regrettable que les patrons, qui détiennent les capitaux, n'aient jamais tenté de vivre en bons termes avec ceux qui attendent, depuis plus de 20 ans, l'occasion de leur enlever les instruments de travail.

Nous pensons que, moins ignorants et moins prévenus aujourd'hui qu'en 49, les industriels et les négociants vont s'agiter et discuter.

S'ils restaient tranquillement chez eux, sourds à notre appel, eh bien ! nous le déclarons ici, les disciples de Karl Marx arriveraient à leurs fins dans un avenir peut-être assez rapproché.

Les vainqueurs, toutefois, ne seraient-ils pas les premiers à déplorer leur victoire ?

L'idée du socialisme pratique, que propagent, après 48, les futurs affiliés à l'*Internationale des travailleurs*, et, on peut le dire, le système socialiste allemand, repose sur l'abîme sans fond que creuse le non-être. Il doit fatalement aboutir à l'arbitraire et à la violence. Quand rien n'est contenu par rien, on voit les doctrines erronées et les fausses conceptions troubler les sociétés, sous prétexte de les rassurer.

On commet toujours une grande imprudence lorsqu'on s'élance vers l'avenir sans se rattacher un peu au passé. Le progrès est une chaîne que les générations successives ont pour mission d'allonger. Vouloir devancer le temps, c'est s'exposer aux plus grandes déceptions.

Les travailleurs éviteront de marcher par soubresauts s'ils sont maintenus dans le devoir par l'esprit d'équité, d'ordre et d'harmonie des patrons.

VII

Doctrines et tendances de l'Internationale
des travailleurs.

Les travailleurs, en organisant leur puissante
association, ont eu pour but de répondre au besoin
instinctif des classes militantes. Ils se sont dit: la
noblesse a été, la bourgeoisie est, soyon à notre
tour.

Et, comme si l'heure était venue, pour une nouvelle partie de la nation, de gouverner, les disciples
de Karl Marx ont voulu renverser ceux qui com-
mandaient et jouissaient, pour commander et jouir
à leur place.

Ils n'ont pas atteint leur but. L'atteindront-ils
jamais? L'énergie est la puissance qui mène le
monde. Si les patrons n'opposent aux revendications

de l'avenir que leur dédain, signe de leur mollesse, les patrons auront un jour un terrible réveil.

*
* *

Nous voulons fortement ce que nous avons une fois voulu. On nous a dit, sans doute pour nous encourager, que jamais nous ne parviendrions à nous rallier les travailleurs. Le programme des travailleurs, s'il était exécuté, troublerait, à coup sûr, l'économie de la société actuelle.

Qu'on se reporte aux résolutions votées par le Congrès de Bâle. On lira ces mots :

Résolution sur la question de la propriété foncière.

« 1. Le congrès déclare que la société a le droit d'abolir la propriété individuelle du sol, et de faire rentrer le sol à la communauté. — 2. Il déclare qu'il y a nécessité de faire rentrer la propriété du sol à la propriété collective. »

Supposons que le parti socialiste, à la faveur d'une nouvelle collision sanglante, parvienne à l'emporter. Que se passera-t-il le lendemain du triomphe? A peu près ceci.

Tous les biens et toutes les richesses appartenant aux citoyens passeront dans les mains de l'État, et seront déclarés propriété nationale.

Un certain délai sera accordé aux membres de la communauté pour entrer dans les différentes sections chargées d'organiser les branches d'industrie et de travail.

Ceux qui refuseront de se laisser embrigader seront privés de tout moyen de subsistance, et n'auront plus qu'à mourir de faim.

On mangera en commun; on couchera dans des dortoirs.

Les relations d'un sexe avec l'autre, cela va sans dire, seront complétement libres. Une seule chose vous mettra à l'abri du Code pénal; et, au besoin, vous assurera la protection de la loi, le consentement. Si vous voulez prendre la femme de votre voisin, et si la femme de votre voisin se laisse entraîner par vous, allez-y gaiement. Dans la société régénérée, on se marie autant de fois qu'on veut.

Mais, si vous avez le droit d'être père, vous n'avez pas le droit d'instruire vos enfants: c'est l'État qui, pour vous, se charge de ce soin.

*
* *

Les socialistes radicaux se rapprochent beaucoup plus qu'ils ne pensent des légitimistes. Les uns, il est vrai, tirent d'un vieux château un vieux drapeau blanc, et les autres façonnent à leur manière un étendard couleur de sang; mais, des deux côtés, se manifeste la même ignorance des besoins de l'époque.

Ce qu'on veut aujourd'hui, c'est échapper à toute

espèce d'influence qui étreint, contraint et paralyse.
Qu'importe que le despotisme s'abrite sous un chif-
fon de telle ou telle couleur. La liberté ne réside
pas dans les mots ; encore moins dans les plis d'un
drapeau.

Aller trop vite est au moins aussi dangereux
qu'aller trop lentement. On ne peut reculer avec les
légitimistes ; mais on ne peut non plus se lancer,
avec les socialistes radicaux, sur des chemins in-
connus où il faudra à chaque instant crier : casse-
cou.

Ce qu'il faut à l'époque où nous sommes, c'est
laisser les partisans d'Henri V respecter, honorer,
et même, s'ils y tiennent, adorer leur momie : la
démocratie d'aujourd'hui, qui vit et qui s'affirme,
n'a pas à s'occuper d'un parti politique dont toute
la science consiste à nier le progrès, c'est-à-dire à
se nier. Mais il faut aussi contenir et maintenir
cette avant-garde enthousiaste qui prend pour
choses pratiques les fantaisies d'une imagination
délirante, et qui peut faire d'autant plus de mal
qu'elle est toujours grossie, à un moment donné,
des rêveurs, des imbéciles et des paresseux.

*
* *

Il est déplorable assurément que l'*Association internationale des travailleurs* ait tenté d'imposer à
tout et à tous un niveau inflexible, et de faire

entrer la société nivelée dans le moule qui l'attendait.

Qu'est-ce que le communisme, sinon une nouvelle forme de despotisme ? Or tout despotisme répugne à notre nature indépendante et fière.

Au lieu de poursuivre des chimères, les internationaux auraient dû appliquer tous leurs soins, toute leur ardeur et toute leur énergie à se préparer un avenir plus prospère et plus digne.

En laissant à la nation tout entière le droit de perfectionner des institutions imparfaites; en cherchant à acquérir, par l'instruction, les idées qui leur manquent encore, ils se seraient assuré la sécurité, le crédit, la considération, et auraient détruit la plupart des abus que la *Commune* n'a fait qu'enraciner davantage.

Vouloir renverser la société actuelle avec ses lois, ses usages, ses maximes et ses principes, c'est prétendre arrêter dans sa course le fleuve qui passe grondant et écumant.

Peut-être, cependant, épuisera-t-on, dans ce but insensé, des efforts héroïques! Avec beaucoup moins de peine, on parviendrait à corriger le lit du fleuve et à imprimer à la société une marche plus ferme et plus sûre.

★
★ ★

Quand les travailleurs chercheront-ils le progrès dans les choses, et non dans les rêves?

Lorsque les patrons s'uniront aux salariés pour chercher avec ces derniers les solutions capables de préparer, au lieu des soubresauts en avant, qui se traduisent en reculades, les évolutions que consacrent les réformes utiles.

Pense-t-on que les travailleurs n'auraient pas évité l'excès où ils sont tombés, s'ils avaient su posséder dans leurs conseils les patrons dont ils s'éloignent?

Si l'association primitive avait été formée des deux éléments qui concourent à la production, du capital et du travail, on n'eût certes pas assisté au déballage de théories qui ne soutiennent même pas l'examen.

La discussion ne se serait point égarée ; et si des adversaires, plus naïfs que méchants, s'étaient obstinés à vouloir créer un monde nouveau, on aurait appris à ces génies transcendants à digérer des connaissances mal acquises, et à être hommes avec des hommes.

La haine se fût émoussée, et l'amour eût succédé à la haine.

*
* *

Nous voulons tenter aujourd'hui ce que d'injustes préventions ont empêché d'accomplir hier.

Mais les patrons ne sont reliés entre eux par aucun lien.

Il faut donc qu'ils commencent par s'organiser. Lorsqu'ils le seront, ils offriront aux travailleurs une main loyale.

Et la question sociale, sortie des nuages et enfin comprise, unira et maintiendra unis ces deux associés par la force des choses, le capital et le travail.

VIII

Doctrines et tendances (suite).

Revenons aux principes et aux tendances de l'*Internationale des travailleurs*.

La bourgeoisie, dit-on, a fait son temps. On veut l'exproprier, comme elle a exproprié jadis la noblesse.

On complote une nouvelle nuit du 4 août.

Les capitalistes, dépossédés, seront obligés de travailler pour vivre. A ceux qui n'auront pas de métiers, la société offrira.... des bons de soupe.

On n'est pas plus généreux.

La Révolution doit être purement sociale.

Le meilleur gouvernement est détestable. On veut jeter à bas l'édifice que Bonaparte n'a pu, heureusement, couronner. On le rebâtira sur un nouveau plan, après avoir eu soin de lui donner de nouvelles fondations.

*
* *

L'avénement des travailleurs sera signalé par l'abrogation formelle de l'ancienne législation.

A l'avenir, les lois seront faites par le peuple, pour le peuple.

La propriété individuelle du sol rentrera à la communauté.

L'hérédité sera abolie.

En mourant, le père de famille ne pourra plus transmettre à sa veuve et à ses enfants que le souvenir de ses vertus. Après tout, ce sera encore quelque chose.

*
* *

La raison dit que la question politique prime la question sociale. Avant de faire droit aux revendications d'une classe, il faut établir des institutions qui rendent impossible le retour des anciens abus. Mais les ouvriers dédaignent la politique.

Qu'est-ce que 1830, 48, même le 4 septembre?

Des révolutions *de forme.*

Le peuple tire les marrons du feu, et ne reçoit, à titre de récompense, que les miettes du festin.

Eh bien ! disent les internationaux, il faut une

révolution *de fond*. Celle du 18 mars pouvait suffire ; mais.... Qu'importe une monarchie libérale
ou une République bâtarde.

Tous les gouvernements sont des accidents. Il
faut, non pas renverser un César qui revit dans
un Soulouque, mais tuer, dans le despote, le despotisme.

Plus de gouvernement.

Plus d'armée.

Plus de religion.

Le gouvernement, objectent les travailleurs, nous
écrase d'impôts ; l'armée nous massacre ; la religion étouffe notre intelligence.

*
* *

Pourtant, n'allez pas croire que les auteurs de
ce programme doutent un seul instant de la légitimité de leur cause. Ils veulent, non le pillage et
l'incendie, mais le travail.

Et c'est au nom du droit et de la liberté, qu'ils
parlent et agissent.

Ils ne renient pas le passé révolutionnaire ; mais
toutes les fois qu'on leur rappelle 1793, ils ont soin
d'affirmer que Robespierre n'était qu'un vil bourgeois.

*
* *

Décréter la déchéance de *l'infâme* capital est

chose assez facile. Toutefois, les privilégiés, qu'on veut dépouiller, consentiront-ils à l'abandon pur et simple de leurs priviléges?

Ici, on répond que le peuple a le droit de vouloir tout ce qu'il veut. Si, demain, les capitalistes ne consentent pas à vider leurs poches au profit de l'État, on ira les fouiller chez eux.

Et, s'ils résistent, on les écrasera.

On ne veut ni dictateur ni dictature; mais, comme on est sûr d'être la justice, on n'hésitera pas, s'il le faut, à être la force.

En 1789, la bourgeoisie a vaincu la noblesse. Aujourd'hui, le peuple veut briser les résistances de la bourgeoisie.

*
* *

Ce qu'on ne savait pas avant le 18 mars, c'est que les travailleurs étaient prêts.

Pendant que les tripoteurs tripotaient, et que les souteneurs de filles étudiaient, après le champagne, les causes du ramollissement du cerveau chez les vieillards; pendant qu'on festoyait en haut, on s'organisait en bas.

Des hommes obscurs, fiers d'appartenir à la canaille, déployaient, dans toute l'Europe, une activité inouïe. Associant d'abord les ouvriers par corporations, ils unissaient ensuite toutes les corporations d'une même localité. Et, s'élevant plus haut,

5

ils englobaient les régions dans les liens d'une fédération puissante.

L'*Internationale des travailleurs* devint bientôt une véritable armée où chefs et soldats rivalisaient de prudence, de vigilance et d'énergie.

Lorsque cette armée entra en campagne, on doutait encore de son existence. Mais, lorsque le dernier régiment de Versailles eut quitté Paris, on fut bien obligé de se rendre à la réalité.

La Commune a été!

Cependant, l'organisation qui fit le 18 mars est encore.

On ne parviendra pas à la détruire par la force.

Mais, pour éviter, à la société, de nouvelles secousses, au milieu desquelles disparaîtraient des fortunes et des existences, il importe que les patrons s'organisent pour régler, avec les travailleurs, les conditions de leur avenir commun.

Les peuples, qui naissent pour mourir, subissent, avant de disparaître, des transformations successives. Des classes nouvelles, mettant en pratique cette égalité qui consiste à monter quand on est en bas, s'élèvent, par l'instruction, au bien-être.

Cette accession, toutefois, ne peut se produire que si les anciens priviléges, qui étaient autant de barrières pour les nouveaux venus, ont disparu.

Cette disparition est le fruit de la victoire, ou le gage d'un abandon volontaire.

Mieux vaut, dans tous les cas, triompher par la force de la raison que par la puissance des baïonnettes.

Au lieu d'attendre niaisement que les travailleurs viennent leur poser un ultimatum, que les patrons sachent offrir à leurs ennemis d'aujourd'hui, et à leurs amis de demain, une conciliation acceptable. S'ils ne se montrent pas animés d'intentions pacifiques, ou s'ils restent chez eux, décidés plus que jamais à croupir dans leur égoïsme, eh bien ! on leur confisquera, un beau jour ou une belle nuit, avec les prérogatives qu'ils auront refusé de céder, les droits qu'on n'avait pas l'intention de leur prendre.

* *
*

Il faut en un mot, pour qu'ils se ménagent une sécurité solide, que les patrons cèdent aujourd'hui ce qu'ils ne peuvent conserver sans exciter de nouvelles colères, et sans provoquer à la guerre civile.

Si, par exemple, on leur parle de participation, qu'ils n'hésitent pas à abandonner, en dehors des salaires, une partie des bénéfices.

L'intérêt bien entendu consiste à obtenir plus du travailleur, sans pour cela lui demander un surcroît d'effort. Or, ne suffit-il pas de lui attribuer une somme convenue sur le prix de l'objet qu'il façonne pour stimuler son zèle, et le porter à demander à son intelligence ce qu'autrefois il réclamait uniquement de ses bras?

Si vous voulez vous entourer d'hommes qui vous donnent le succès, faites des associés.

Mais d'abord, organisez-vous.

L'organisation vous permettra de remplacer les insurrections qui saccagent, massacrent et détruisent, par les évolutions qui fondent et fécondent.

IX

Nouveau programme des travailleurs,

Gladstone disait un jour : « Ce siècle est le siècle des ouvriers.» Le ministre anglais avait conscience d'un état de choses que les imprudents et les ignorants ne soupçonnent pas.

Dans le mouvement social qui aboutit à l'*Intertionale des travailleurs*, puis à la *Commune*, on saisit les plaintes, les récriminations et les protestations d'une corporation énergique, indépendante et fière, qui prétend se mettre à la place d'une classe énervée par toutes les jouissances du luxe.

On aperçoit que ce progrès, depuis si longtemps attendu, et peut-être si chèrement acheté, doit, en fin de compte, se réduire en oppression.

Après avoir réduit à l'impuissance les patrons qu'ils combattaient, les travailleurs ont imposé leurs lois à leurs ennemis vaincus. Si bien que l'évolution, ou que la révolution sociale n'a fait que donner de nouveaux maîtres aux sociétés modernes. Il n'y à donc rien de changé dans le monde.

★
★ ★

On ne peut dire, d'une manière certaine, que les excès et que les crimes dont Paris a été le théâtre aient complétement modifié, dans sens de la raison et de l'équité, les idées et les aspirations des travailleurs; mais on ne saurait s'empêcher de reconnaître un peu plus de sang-froid, et un peu plus de possession d'eux-mêmes chez les fauteurs de l'*ex-Commune*.

Peut-être ne faut-il pas toujours accepter pour de l'argent comptant des discours qu'il est bon de lire entre les lignes. Cependant, nous prenons acte de ces paroles prononcées au meeting socialiste de Leipzig le 2 août dernier :

« L'*Internationale* ne songe pas à opprimer à son tour ceux qui oppriment les travailleurs.

« La presse et les professeurs ont beau proclamer cette absurdité ; ils prouvent par là leur mauvaise foi ou leur ignorance, Le programme de l'Internationale, c'est la vérité, le droit, et les mœurs. C'est sur ces bases qu'elle veut réformer l'État ; mais celui-ci, ayant intérêt au *statu quo*, égare l'opinion publique par la presse, les écoles, l'église, la buraucratie, et les soldats. »

On trouve, dans cet extrait, le vague instinct d'une conciliation, car, si l'on ne veut pas opprimer après avoir renversé les oppresseurs, il faut, de toute nécessité, qu'on reconnaisse des droits aux détenteurs actuels des capitaux. Pour qu'une nation puisse continuer sa marche ascendante, il importe que son équilibre ne soit pas troublé par l'ascension subite et imprévue d'une classe militante.

Si cette classe se mêle à la classe dirigeante, rien de mieux. — Les travailleurs, en s'unissant aux bourgeois, ajouteront un sang généreux au sang appauvri de la nation, et donneront à l'avenir toutes les promesses d'une vie nouvelle.

Dès lors, nécessité d'attribuer les mêmes droits aux patrons et aux ouvriers, et de les soumettre les uns et les autres, aux mêmes devoirs.

*
* *

C'est ce qu'on à compris à Dresde le 12 août dernier.

Cent cinquante délégués de toutes les parties de l'Allemagne, y ont voté le programme suivant du *parti social démocratique :*

« I. — Le parti ouvrier veut un État populaire libre.

« II. — Chaque membre du parti s'engage à travailler au triomphe des grands principes du socialisme, qui se résument dans les déclarations suivantes :

« 1º La situation politique et sociale est injuste, et doit être combattue avec énergie ;

« 2º La lutte pour l'*émancipation des classes ouvrières n'a pas pour but de créer des priviléges en faveur d'une classe quelconque de la société, mais de proclamer des droits et des devoirs communs ;*

« 3º La dépendance économique de l'ouvrier vis-à-vis du capitaliste est la base de l'esclavage, et le parti social démocratique s'efforcera d'abolir le système de production actuel, par la formation des associations ouvrières ;

« 4º La liberté politique est une condition nécessaire pour la libération des classes ouvrières. La question sociale est donc étroitement liée à la question politique, et la solution n'est possible que dans un État gouverné par les principes démocratiques ;

« 5º L'émancipation du travail n'étant ni une question locale ni nationale, mais sociale, le parti démocratique socialiste se considère comme une branche de l'*Internationale*, et s'associe à un effort de cette association ouvrière.

« III. — Les revendications les plus urgentes sont :

« 1º Le droit de suffrage secret pour tout homme de 20 ans, à l'effet de nommer les membres des parlements, des diètes, etc ;

« 2º L'intervention directe du peuple dans la législature ;

« 3º L'abrogation de tous les priviléges d'état, de naissance, de fortune et de confession ;

« 4º L'armement du peuple entier, et l'abolition des armées permanentes ;

« 5º La séparation des Églises et de l'État, des écoles et
de l'Église ;

« 6º L'abrogation de toutes les lois restreignant le droit
de réunion, de coalition, et des lois contre la presse, la diminution des heures de travail pour les femmes, l'abolition
du travail des enfants ;

« 7º L'abolition de tous les impôts directs, et la création d'un seul impôt progressif, celui sur les revenus et
les héritages. »

Nous doutons que la réalisation de ce programme puisse s'opérer sans trouble; mais nous trouvons,
dans la reconnaissance *des droits et des devoirs communs,* une garantie contre la violence et l'usurpa-
tion.

* *
*

Veut-on une autre preuve de cet esprit d'apaisement qui semble s'emparer des masses?

Qu'on se reporte au programme de Zurich qui
doit être soumis au prochain congrès général des
travailleurs suisses. — Ce programme est ainsi
conçu :

« I. — Le parti démocratique socialiste en Suisse se
propose comme but, de garantir les intérêts du peuple
travailleur et de leur donner satisfaction sous tous les rapports. Il est convaincu que l'affranchissement de la classe
ouvrière ne peut être obtenu que par la classe ouvrière
elle-même.

« II. — *La lutte pour l'affranchissement de la classe ouvrière n'est pas une lutte pour des priviléges en faveur d'une classe, mais pour l'égalité des droits et des devoirs, et pour la suppression de toute domination de classe.*

« III. — La dépendance économique du travailleur vis-à-vis du capitaliste constitue la base de l'esclavage sous quelque forme que ce soit. Par conséquent le parti démocratique socialiste se propose d'obtenir, par la suppression du mode actuel de la production (système du salaire), le produit entier de son travail pour chaque travailleur.

« IV. — La liberté politique est la condition première et indispensable pour l'affranchissement économique des classes ouvrières. La question sociale est par conséquent inséparable de la question politique ; la solution de la première dépend de celle de la seconde et n'est possible que dans l'État démocratique.

« V. — Considérant que l'affranchissement politique et économique de la classe ouvrière n'est possible que si celle-ci conduit le combat avec ensemble et unité, le parti démocratique socialiste en Suisse se donne une organisation unitaire, mais permettant à chacun, en même temps, de faire valoir son influence particulière pour le bien de la communauté.

« VI. — Considérant que l'affranchissement du travail n'est pas une tâche *locale ni nationale*, mais *sociale* qui embrasse tous les pays dans lesquels il existe une société moderne, le parti démocratique socialiste en Suisse se rattache à l'*Association internationale des travailleurs*.

« VII. — Sont formulés les points suivants comme premières exigences à faire valoir dans l'agitation conduite par le parti démocratique socialiste :

« 1° Un droit de bourgeoisie suisse général. L'assistance

des pauvres attribuée aux communes d'habitants, l'État devant toujours en combler les déficits.

« 2° La direction directe, par le peuple, dans la confédération, l'initiative populaire par 20 000 citoyens. Dans les votations populaires la majorité absolue des votants par *oui* et par *non* tranchant les questions. Suppression du conseil des États et du vote distinct des cantons comme États.

« 3° L'école populaire obligatoire et gratuite jusqu'à quatorze ans écoulés, et l'interdiction du travail des enfants dans les fabriques jusqu'à cet âge.

« 4° La séparation de l'Église et de l'État, ainsi que de l'école et de l'Église.

« 5° La suppression de tous les impôts indirects et l'introduction de l'impôt direct progressif, sur le revenu et les successions.

« 6° Inventorisation générale et patriotique des fortunes, ainsi qu'à chaque décès. Allégement des impôts pour les pères de famille.

7° L'abrogation de toutes les entraves inutiles apportées au droit du mariage.

« Centralisation de toute la législation civile et pénale ;

« Constitution de jurys spéciaux ; en particulier pour les contestations entre ouvriers et patrons.

« 8° L'introduction d'une journée normale de travail.

« 9° Une sévère surveillance de tous les locaux affectés au travail, aussi bien au point de vue de la police sanitaire qu'à celui des mesures préservatrices contre les accidents.

« Institution d'inspecteurs des fabriques payés et indépendants.

« Suppression de toute déduction de salaires par voies d'amendes.

« Organisation d'une statistique officielle sur la situation des classes ouvrières.

« 10° La liberté *absolue* de la presse, de réunion, d'association et de coalition.

« 11° Crédit ouvert auprès de l'État aux associations avec responsabilité solidaire ; à cet effet, établissement d'une banque nationale suisse, avec monopole des billets de banque.

« 12° Le rachat et l'exploitation des chemins de fer par la confédération, dans ce sens que tous les moyens de circulation doivent être propriété de l'État, et que celui-ci ne doit laisser exploiter les particuliers par aucun monopole.

13° La confédération supporte entièrement les frais d'habillement, d'armement et d'équipement des milices ; solde suffisante et suppression des écoles d'aspirants.

On le voit, il y a une grande analogie entre les résolutions votées à Dresde et celles votées à Zurich.

Le stravailleurs de Bâle ont ajouté l'extension suivante au § 7 :

1° Transformation de toutes les propriétés foncières en propriétés de la confédération, et mises à la charge de la confédération de l'assistance générale des indigents.

« 2° Suppressions de toutes les constitutions cantonales ; lois générales et uniques ; introduction de l'urne pour toutes les votations et élections, celles-ci ne pouvant avoir lieu que le dimanche ; suppression de toutes les lois qui restreignent les droits civils des faillis et assistés.

« 5° Suppression du budget des cultes et sécularisation

de tous les biens ecclésiastiques au profit de la dette de l'État.

« 7° Introduction du mariage civil obligatoire. Élection directe par le peuple de tous les juges et jurés, et justice gratuite.

« 8° Limitation du travail des femmes.

« 9° Cours gratuits pour les officiers, élection directe par la troupe de tous les chefs jusqu'au grade de capitaine inclusivement.

*
* *

Qu'est-ce à dire, pourtant ?

L'abîme que d'injustes préventions ont creusé entre le patron et l'ouvrier, est-il moins profond aujourd'hui qu'hier ? Non. Mais on peut sentir, à des indices trop certains, que les travailleurs honnêtes et intelligents désirent porter le débat sur le terrain de la libre discussion.

C'est le moment de répondre à leur attente. Pour cela, il faut, sans plus tarder, appliquer les résolutions votées à Bonn par des patrons allemands.

« 1° La question ouvrière constitue un problème posé à la société tout entière, principalement aux classes cultivées et possédantes et dont la solution ne lui est pas imposée seulement par son propre intérêt, mais surtout, et en première ligne, par le *devoir* et la *conscience.*

« 2° Pour atteindre le but dans cette question, comme dans toutes les affaires de grande importance, il faut *l'union des forces, un travail d'ensemble procédant de bases et de directions communes.*

Cette *union des forces* et ce *travail d'ensemble* seront les conséquences de l'*Internationale des patrons*.

Mais qu'on se hâte d'agir. Plus tard, l'irritation étoufferait, chez le salarié, les conseils de la raison, et il serait impossible d'éviter une troisième insurrection.

X

Après avoir vu les exploits de l'*ex-Commune*, des hommes graves ont dit à la bourgeoisie :

« Il y a quelque chose à faire. »

« Quoi ? » a demandé la bourgeoisie.

Les hommes graves ont répondu :

« Hélas ! nous l'ignorons. »

Pourtant, il n'est pas indispensable, pour prévoir, de trouver la quadrature du cercle. La seule manière d'éviter le flot qui monte, c'est de redresser le cours du fleuve.

*
* *

L'antagonisme du travail contre le capital, ou,

si l'on veut, du prolétariat contre la bourgeoisie, est entré, depuis 1832, dans la période d'action.

Mais, tandis que les travailleurs s'agitaient, parlant dans les meetings, écrivant dans les journaux, s'organisant enfin pour conquérir des droits résolûment revendiqués, les patrons supputaient leurs profits et ne donnaient qu'une attention distraite au mouvement qui devait un jour les menacer.

En 1840, lorsque l'*Atelier* paraît, la presse à perruques n'a que des paroles de mépris pour ces va-nu-pieds qui osent se permettre de tenir une plume sans avoir reçu, dans un collége, l'estampille du pédantisme.

On ne voit, dans ces écrivains qui veulent traiter eux-mêmes leurs affaires, que des transfuges. Et savez-vous quels sont leurs mobiles ? « C'est un profond dégoût pour le travail », et « un sentiment de révolte contre la condition d'ouvrier. » Ajoutez à cela « une présomption énorme », et « un immense désir de jouir et de briller. »

L'idée qui prévalait alors était celle-ci : « Le peuple ne peut se défendre lui-même : il est trop ignorant pour faire connaître ses maux, exposer ses besoins et ses aspirations : il lui faut des mandataires. »

Bientôt les mandarins du journalisme affirmèrent, sans fermer un œil, que les rédacteurs de l'*Atelier* étaient tous des ouvriers en *gants jaunes*.

Ainsi, au lieu de discuter loyalement les questions que les travailleurs mettaient à l'ordre du jour, la classe dirigeante ricanait.

Ricaner, malheureusement, n'est pas répondre.

Et l'*Atelier* publia ce qui suit en septembre 1840 :

« Et quand, vivant misérablement au milieu de tous les éléments de jouissance, le peuple a demandé parfois un adoucissement à ses peines, vous êtes-vous occupés de ses réclamations? Avez-vous été indulgents pour lui quand, dans son ignorance, il a franchi les limites légales? Non, vous avez été *imprévoyants avant le désordre;* et, comme des enfants qui se vengent, vous avez frappé à tort et à travers quand tout était rentré dans l'ordre, et vous vous étonnez de rencontrer sur votre chemin des haines violentes! »

*
* *

Hélas! l'*Atelier* fut tout à fait incapable de remuer les satisfaits.

Les années passèrent, et 48 fit son apparition. Février donna une espérance qui fut déçue en Juin.

Après Juin, que font les patrons?

Rien.

L'insurrection vaincue relève la tête.

Que font les vainqueurs?

Rien.

Les travailleurs fondent des sociétés de participation, et des sociétés de résistance et de consommation.

Un mot nouveau circule dans les masses : Coopération.

Et les patrons restent toujours inactifs.

Plus tard, on parle de réunir les ouvriers du monde entier dans une vaste association qui aura pour but d'imprimer au mouvement social une allure ferme et décidée :

L'*Internationale des travailleurs* est fondée.

Les patrons vont enfin secouer leur longue apathie? Erreur : ils s'y replongent.

Les avertissements ne leur manquent pas : ils les méprisent.

Si bien que *la Commune* est, un jour, proclamée !

*
* *

Aujourd'hui, *la Commune* a vécu.

Songe-t-on encore au danger passé ?

Hélas ! le Paris de l'empire, cascadeur et insouciant, nous est revenu avec les serg nts de ville.

Les drôlesses, qui se cachaient pendant le siége, promènent le jour et la nuit, surtout la nuit, leurs charmes avariés et les souteneurs de filles, dont la tête dépasse les cheveux, continuent leur petit commerce.

On semble se repentir d'avoir montré, pendant des jours et des mois, une grande virilité. Pour se faire pardonner d'avoir été un peuple, on oublie, et l'on s'oublie.

Qu'importe l'avenir ?

Le gouvernement actuel n'est-il pas chargé de maintenir l'ordre ?

L'Empire, lui aussi, avait pour mission d'emprisonner, et même on le payait assez cher pour cela ; mais les Bonaparte n'ont pas empêché le 18 mars.

Les Thiers et les Rémusat pourront-ils prévenir une nouvelle insurrection ?

Aucunement.

*
* *

En France, il faut l'avouer, la classe dirigeante est si indifférente à tout ce qui la touche, même à ses intérêts les plus chers, qu'elle compte toujours sur quelqu'un pour la tirer d'un mauvais pas.

Mac-Mahon est entré dans Paris en disant aux Parisiens :

« L'armée de la France est venue vous sauver. » Si un autre comité de Salut public jette de nouveau, dans dix ou dans vingt ans, l'épouvante dans les âmes, on trouvera un autre général pour sauver la société menacée.

Donc, vautrons-nous dans les plaisirs malsains. Donnons aux filles d'escrocs notre temps et notre énergie. Mélons, à ces âmes basses, nos âmes élevées. Étouffons en nous l'amour qui purifie et la haine qui grandit. N'ayons plus de foi, plus d'élan, plus d'enthousiasme.

Trafiquons de tout, et, d'abord, de nous-mêmes.

Puis, si nous voulons interroger l'avenir, ne voyons Paris et la France que dans l'espace compris entre la Madeleine et la rue Drouot, où grouillent les vanités satisfaites. Imitons ce maître à peine dégrisé qui demandait l'heure à un valet aviné. Le larbin ouvrit un placard, pensant ouvrir une fenêtre, et répondit : « Il fait très-noir, et ça sent le fromage. »

Trois heures du soir venaient de sonner.

Le maître se rendormit. Faisons de même. Lorsque des aveugles viennent nous dire qu'aucun nuage ne se montre à l'horizon, proclamons bien haut que tout va bien.

*
* *

La presse pourrait combattre cette indifférence coupable : elle préfère l'encourager.

Ah ! nous comprenons qu'on suive l'opinion publique au lieu de la diriger. Si la France ne veut pas continuer la guerre, nous aurons le courage de faire taire en nous les sentiments qui nous animent, et nous nous inclinerons devant la majorité. Là est le devoir.

Mais si cette majorité, dans une circonstance donnée, ne sait pas qu'un danger la menace, les journaux ne doivent pas entretenir le public dans une fausse sécurité.

Or, la presse d'aujourd'hui ne cherche pas autre chose.

Est-ce timidité ou malice? C'est plutôt ignorance.

Les écrivains qui avaient l'âge d'hommes en 48, et qui ont traversé, en se voilant la face, la période de 51 à 71, savent pourtant que les mêmes causes ont produit les mêmes effets en juin 48 et en mars 71. D'où vient que leur patriotisme éclairé ne leur donne pas l'éveil, et qu'au lieu de tirer la bourgeoisie de la torpeur qui l'étreint, ils exposent tout un monde, déjà surpris deux fois, à une troisième surprise? Hélas! on ne peut être quand on a été, et il faut bien avouer que la plupart des petits grands hommes, qui font actuellement la pluie et le beau temps dans les feuilles antédiluviennes, ont tout simplement subi la loi de la nature: ils ne sont plus que des fossiles.

Nous savons qu'il est assez difficile de conserver, à 70 ans, les facultés fortes et vives de la quarantaine ; mais le meilleur moyen, pour se posséder toujours, ce n'est peut-être pas de cultiver les guenons dans le dernier tiers de son existence.

Si, du moins, ces mamelucks démodés s'efforçaient de puiser quelques éléments de vie au contact des jeunes gens !

Mais ils ne manifestent leur ardeur qui faiblit que pour semer d'obstacles la route de ceux qui prétendent marcher autrement que les écrevisses.

C'est ce culte bête d'un passé qu'on réprouve qui rend une certaine presse d'aujourd'hui envieuse, tracassière et d'autant plus hautaine.

La vie s'est retirée de ces feuilles qui ont eu leur raison d'être et qui ne l'ont plus. Un public déjà restreint les lit encore par habitude, plutôt que par intérêt.

Dans un avenir assez rapproché, ces journaux d'un autre âge disparaîtront d'eux-mêmes.

*
* *

Aujourd'hui, les citoyens jaloux de compter dans le pays ne peuvent satisfaire leur légitime curiosité que dans la presse militante qu'a fait éclore une nouvelle génération.

La jeune presse rend certes de grands services ; mais elle a parfois des scrupules exagérés. Ainsi, pour ne pas effrayer les patrons, et pour rassurer les ouvriers, elle ne s'occupe ni des uns ni des autres. Il y a cependant quelque chose à faire. On le sait, on le sent, car on est intelligent. Mais on n'agit pas. On laisse les rancunes et les vengeances activer le mépris et la haine ; on voit, sans sourciller, l'abîme se creuser chaque jour davantage entre le capital et le travail, et l'on se figure avoir bien mérité de ses concitoyens parce qu'on a eu peur de regarder le mal en face et d'en signaler le remède.

Nous avons ce courage. Sans appui, sans soutien, mais puisant en nous-même la force qui nous guide, nous voulons faire comprendre aux patrons que la richesse n'a pas moins intérêt que la pauvreté à juger et à prévoir.

Dire qu'on n'a pas à craindre le dénûment dans l'avenir parce qu'on possède le superflu dans le présent, c'est prétendre qu'il fera beau demain parce que le soleil nous inonde aujourd'hui de ses rayons.

La sagesse conseille, non-seulement d'acquérir, mais encore de conserver. Conserver, dans le sens vrai du mot, c'est être sûr du lendemain, c'est n'avoir pas à redouter une de ces secousses qui ébranlent un pays, compromettent la fortune publique et anéantissent les fortunes privées.

*
* *

Nous n'avons pas la prétention de corriger tous les abus. D'ailleurs, l'humanité a été déjà sauvée tant de fois qu'il devient ridicule de se faire médailler pour lui avoir tendu la perche.

Mais nous disons à ceux qui possèdent qu'ils ne peuvent conserver, c'est-à-dire éviter la ruine, que s'ils secouent leur mollesse, source première de leur imprévoyance et de leur aveuglement.

Les travailleurs sont en présence des patrons comme les flots vis-à-vis des rochers qu'ils minent sourdement : ceux qui n'ont rien portent envie à ceux qui ont tout.

Pourquoi? parce que l'homme aime la propriété. On ne saurait apprendre aux déshérités à se contenter de leur sort; mais on peut persuader aux travailleurs qu'on ne se bâtit pas une maison en brûlant celle de son voisin.

L'adversaire qui se dérobe en ricanant vous exaspère et vous irrite.

Que les patrons, au lieu de détourner la tête, répondent à notre appel. Qu'ils cherchent, dans une organisation intelligente, le moyen de mieux apprécier et de mieux comprendre la nature et le but des réclamations formulées depuis longtemps. Et les travailleurs, touchés de cette marque de confiance, feront taire leurs sentiments particuliers, et rétabliront le débat sur les bases du droit et de la justice.

XI

L'Internationale des travailleurs existe!
Il faut l'accepter.

Un mal ronge les sociétés, et promet dans l'avenir, si l'on n'y prend garde, de nouvelles complications.

Appelez ce mal du nom que vous voudrez : communisme ou socialisme.

D'aucuns pensent et affirment que tout ce que souffrent les sociétés européennes a été produit par l'*Internationale des travailleurs*; et, pour garantir la religion, la famille et la propriété, ils réclament tout simplement la suppression du droit de coalition.

Ces naïfs conservateurs veulent singer les chirurgiens qui coupent un membre pour arrêter les pro-

6

grès de la gangrène ; ils ne voient d'autre remède, à la situation qui les inquiète, que la compression et l'anéantissement des Internationaux.

Une association, partie de rien, est arrivée, grâce à l'énergie de ses membres, à exercer une grande influence en Europe.

Pour annuler cette influence, il faut détruire cette association.

Telle est, du moins, l'opinion de prétendus philanthropes qui mettent leur faiblesse et leur aveuglement sur le compte du patriotisme.

Il ne faut pas s'en étonner : les trembleurs qui interrogent l'avenir éprouvent toujours le besoin de proposer un *delenda*.

*
* *

Peut-être ne serait-il pas téméraire d'avancer que les travailleurs, en poursuivant leur but, recherchent la stabilité.

Depuis 89, la bourgeoisie a créé une richesse nationale ; mais, hélas ! en faisant fructifier ses capitaux dans le commerce et l'industrie, elle ne s'est pas demandé si le nouvel ordre social ne reposait pas sur un véritable chaos.

Le parlementarisme est peut-être une invention sublime ; le libre échange une excellente chose, et le protectionisme une chose merveilleuse ; mais que nous importe ? disent les ouvriers, puisque les révolutions successives n'amènent que le triomphe du bavardage, et ne conduisent qu'à une liberté industrielle illusoire et menteuse dont le résultat le plus prochain est d'asservir l'homme au capital dans un système de production hâtif, irréfléchi, absorbant pour tous, et lucratif pour quelques-uns.

Les travailleurs se sont associés parce qu'ils entendent ne devoir qu'à eux-mêmes leur affranchissement.

D'ailleurs, comment les *work-houses*, en Angleterre, et les bureaux de bienfaisance, en France, pourraient-ils diminuer le nombre de ceux qui ont faim et qui ont froid? Les classes ouvrières sont persuadées que la souffrance qu'elles endurent est la conséquence d'un mauvais état économique.

La classe dirigeante ne pourra éviter un choc que si elle se jette dans le mouvement pour le faire aboutir à la satisfaction des patrons et des travailleurs.

*
* *

Réprimer sans motif, c'est toujours irriter.

Le public intelligent sait très-bien que les idées qu'on veut étouffer échappent à l'étreinte, et se relèvent plus vives et plus fortes que jamais.

Combattre l'*Internationale des travailleurs*, ce serait s'insurger contre l'Océan. Dire aux salariés : « Vous n'irez pas plus loin, » ce serait commander à la tempête qui vous frappe et vous brise dans sa fureur.

Non, la lutte n'est pas possible lorsqu'on se trouve en présence de gens qui révèlent, dans leurs revendications, plus d'un grain de raison.

La compression irait contre son but.

L'association des travailleurs, condamnée, proscrite, deviendrait une société secrète. Le mystère dont elle serait tenue de s'entourer ajouterait à l'attrait qu'elle excite déjà. Loin d'affaiblir son influence, on la fortifierait.

*
* *

Et ne pourrait-on pas craindre alors que les ouvriers, froissés d'être traités en ennemis dans la patrie commune, ne cherchent à violer des lois d'exception par des moyens exceptionnels?

La haine est toujours mauvaise conseillère. Si vous muselez le travailleur, le travailleur n'aura plus qu'une pensée, qu'une volonté : briser ses entraves et vous mordre.

Rassurez-vous, il y arrivera.

Sans doute, il faut une sécurité. La société ne peut être une forêt de Bondy ; mais, s'il faut contenir une minorité qui a pour mot d'ordre le pillage et l'incendie, et qui tente follement de s'imposer par la force, il n'en résulte pas du tout qu'il faille défendre aux maçons, aux teinturiers et aux con-

structeurs de se voir entre eux pour régler le taux
normal et équitable de leurs salaires. Et si les membres des différentes corporations ouvrières fran-
çaises pensent obtenir plus vite les réformes qu'ils
rêvent en unissant leurs intérêts respectifs et en
formant, de leurs nombreuses sociétés, une seule
association, de quel droit irait-on les inquiéter? Si
quelques centaines d'individus, qui discutent sur la
situation actuelle du capital et du travail, ne me-
nacent pas la société, quelques milliers d'individus,
discutant sur le même sujet, ne doivent pas inspirer plus de danger.

Et si le mouvement des salariés, une fois produit
dans un pays, s'est répété dans d'autres pays, qui
viendra empêcher les travailleurs français, anglais,
allemands, même américains, de se donner la main
et de former une armée compacte?

*
* *

D'ailleurs, qu'on le sache bien : toutes les fois
que le gouvernement traque, cerne et met sous le
boisseau les idées qui l'irritent ou l'agacent, le gouvernement sort de son rôle.

Ajoutons qu'il commet une grande imprudence.
Frapper la pensée d'une amende ou d'un emprisonnement, c'est ressembler au voyageur qui chante
dans la nuit pour éloigner les fantômes. Accumu-
lez les arrêts sur les jugements : votre zèle inquiet

grandira l'adversaire que vous prétendez diminuer.
Grâce à vos poursuites, l'*Internationale des travailleurs* qui ne comptait que quatre millions d'adhé-
rents, en comptera bientôt six millions.

Et il se produira ce fait lamentable, c'est que les
hommes d'ordre qui pouvaient s'interposer utilement, et arriver, par un débat franc et loyal, à faire
abandonner les erreurs qui portent aux excès, seront tout à fait incapables d'amener une conciliation.

On aura endormi leur vigilance en leur disant
qu'on veillait sur eux, et qu'on saurait, au besoin,
les protéger et les défendre!

On les a si bien protégés et si bien défendus, qu'on
assiste un beau jour à leur défaite. La machine,
privée de soupape de sûreté, a fait explosion. Nouvelle catastrophe : autre *commune*.

* *
*

Pour l'éviter, laissons à l'*Internationale des travailleurs* une liberté absolue dans ses manifestations
pacifiques.

Mais hâtons-nous d'organiser l'*Internationale des
patrons*.

Le mal connu est déjà beaucoup moins redoutable. Cherchons à connaître le mal que subissent les
travailleurs.

Or, comment pourrons-nous arriver à nous éclairer et à nous instruire, si une fausse modestie ou un orgueil mal placé nous défend de rien changer au *statu quo* dont nous souffrons?

Des patrons nous ont manifesté leurs craintes. Ils nous ont dit qu'il y avait assurément quelque chose à faire; mais qu'il serait imprudent, surtout maladroit, de fonder une association qui aurait à sauvegarder des intérêts tout à fait opposés à ceux des travailleurs.

Nous nous sommes toujours efforcé de préciser notre but. Nous avons dit qu'il serait inopportun, surtout insensé, de dire aux salariés:

« Vous êtes unis ! Nous le serons bientôt. Alors nous lutterons. Nous verrons bien si vous serez toujours les plus forts. »

Nous n'avons pas dit cela, et nous répétons ici que notre but, en faisant appel à l'initiative des patrons, a été d'arriver à une conciliation que les travailleurs ne peuvent pas désirer moins ardemment que nous.

Nous ne pouvons pas faire qu'il n'y ait pas une Internationale des travailleurs. Comme cette association existe et ne menace pas de disparaître, il faut, pour rapprocher les patrons des ouvriers, donner aux patrons l'organisation qui a permis aux ouvriers de formuler leurs plaintes avec l'harmonie et la netteté qui précisent et caractérisent les revendications.

Lorsque les patrons auront révélé leur esprit d'ordre et de justice, l'association des travailleurs n'aura plus de raison d'être. Ajoutons : l'association des patrons tombera d'elle-même, Mais les deux camps n'en formeront plus qu'un seul, et les patrons et les travailleurs, pour sauvegarder des intérêts solidaires, formeront l'*Union internationale du commerce et de l'industrie.*

XII

Danger des poursuites.

Le 26 septembre dernier, le ministre Gladstone, dans la ville d'Aberdeen, prononça les paroles suivantes :

« Un mot sur la question du jour : celle du capital et du travail.

« En Europe, je le crains, cette question peut prendre une importance formidable partout où les institutions du pays ne tendent pas honnêtement à favoriser le bien-être de la société tout entière. Dans ces contrées, la découverte, par les masses, de la puissance qu'elles possèdent sera sans doute mise à l'index avant que des réformes n'aient été accomplies.

« En ce qui touche la très-remarquable association récemment organisée sous le nom d'*Association internatio-*

nale, on ne saurait, selon moi, mettre en doute que cette société pourra grandir et se convertir en une institution féconde en résultats importants, et, dans certains cas, critiques. Mais, en ce qui concerne notre pays, je ne puis m'empêcher de dire que j'envisage avec calme la question débattue entre le capital et le travail. Il y a beaucoup à régler, beaucoup à rectifier et à améliorer; mais je suis persuadé que chez nous, avec les dispositions et les qualités des capitalistes et des travailleurs, pris comme classes, *nous avons d'excellents éléments pour arriver à la conciliation.*

« *Rien n'est plus légitime, rien n'est plus beau, rien n'est plus salutaire que la ligue des classes ouvrières organisée dans le but de garantir aux travailleurs des droits sur le fruit de leur travail.*

« *Je n'ai pas la moindre appréhension. A tort ou à raison, je pense qu'il n'y a pas à redouter que le mouvement, créé dans un but légitime, tourne à un but illégitime; et, d'après le succès des efforts d'hommes intelligents qui cherchent à aplanir les difficultés de cette question, j'ai le ferme espoir que nous verrons, d'année en année, les relations entre le capital et le travail s'établir sur une base plus satisfaisante. »*

Voilà comment parle un ministre anglais, plus jaloux de servir les vrais intérêts de l'Angleterre que de satisfaire de petites rancunes.

*
* *

En France, sait-on aborder la question sociale avec cette sérénité de vue ?

Hélas! que nous sommes loin, parfois, de nos
voisins d'outre-Manche !

Le 9 août, nous écrivions à M. Dufaure, ministre
de la justice :

« Monsieur,

« Je me rappelle avoir été avocat. C'est vous qui m'avez
admis au stage. Je regrette d'avoir à combattre, dans le
ministre d'aujourd'hui, mon bâtonnier de 1863.

« L'influence de l'*Internationale des travailleurs* vous
inquiète et vous trouble ! soit ; je partage vos craintes et
vos appréhensions. Mais, à la question sociale qui se pose
et s'impose, vous ne voyez d'autre solution que le vote
d'une loi punissant d'un emprisonnement de deux mois à
deux ans et d'une amende de 50 à 1000 francs, tout Français qui restera affilié à l'association qui fit *la Commune*.

« Ici, nous ne sommes pas du tout d'accord.

« Je pense, moi, qu'on ne préviendra une nouvelle insurrection, qui serait le troisième acte du drame commencé en juin 48, que si l'on arrive à concilier ensemble
le capital et le travail.

« C'est dans ce but de conciliation que j'ai rédigé les
statuts de l'*Association internationale des patrons*.

« J'ai même soumis ce projet à votre collègue M. Lambrecht, de l'Intérieur : il pourra vous le communiquer.

« Vous voulez vaincre l'obstacle ! moi je le tourne en
rapprochant les patrons des ouvriers et en fondant les deux
associations dans l'internationale des citoyens utiles, qui
produisent et qui consomment, ligués, cette fois, contre
les non valeurs, qui consomment et ne produisent pas. Je
mettrai à défendre et à propager mon idée toute l'énergie dont je suis capable.

« L'avenir dira, monsieur, lequel, de vous ou de moi, aura mieux compris les nouvelles conditions économiques des sociétés modernes, et aura mieux servi son pays.

« Agréez l'assurance de mon profond respect. »

Si M. Dufaure a lu notre lettre, le ministre de la justice aura peut-être fait demander qui nous étions, et quelqu'un aura répondu :

— Léon Chotteau ! oh ! c'est un grand jeune homme blond.

L'Excellence aura ajouté, avec un fin sourire:

— Ces jeunes gens ! Ils ne doutent de rien.

Et, comme dans le pays des Madeleines non repenties, on ne peut avoir une idée que si l'on exhibe, en cabinet particulier, une tête sans cheveux, M. Dufaure aura continué l'examen de la loi frappant l'*Internationale des travailleurs*.

Ah! si un fossile avait révélé le danger que nous avons signalé, comme on eût écouté ce représentant d'un autre âge! Nous, nous avions le tort de n'être pas un revenant.

Aussi, on ne tint aucun compte de notre missive.

*
* *

Voici le projet de loi tel qu'il a été présenté par M. Dufaure à l'Assemblée de Versailles :

« *M. le garde des sceaux.* — J'ai l'honneur de déposer sur le bureau de l'Assemblée un troisième projet de loi ayant pour but d'établir des peines contre les affiliés à l'Association internationale des travailleurs.... (applaudissements sur un grand nombre de bancs) et contre les manifestations séparatistes qui ont eu lieu dans plusieurs départements de la France. (Très-bien! très-bien!)

« Je demande à l'Assemblée de prononcer l'urgence. (Oui! oui!)

« Plusieurs voix. — Lisez! lisez le projet de loi!

M. le garde des sceaux lisant. — Tout Français qui, après la promulgation de la présente loi, s'affiliera ou restera affilié à l'Association internationale des travailleurs.

« *M. Ordinaire.* — Et à la société internationale des Jésuites.

« *M. le garde des sceaux.* — ... ou à toute autre association internationale, soit publique, soit secrète, professant les mêmes doctrines et ayant le même but, sera puni d'un emprisonnement de deux mois à deux ans et d'une amende de 50 à 1000 francs; il sera, en outre, privé de tous les droits civils, civiques et de famille énumérés en l'article 42 du Code pénal. (Très-bien! très-bien!)

« Il pourra être soumis à la surveillance de la haute police pour cinq ans, sans préjudice des peines plus graves applicables, conformément au Code pénal, aux crimes ou délits dont les membres de ces associations auront pu se rendre coupables, soit comme auteurs principaux, soit comme complices.

« Art. 2. — Sera puni des mêmes peines d'amende et de prison et déchu de plein droit de la qualité de Français, quiconque, par l'un des moyens énoncés en l'article 1er de la loi du 17 mai 1819, aura excité les habitants d'une partie du territoire français à se soustraire à la sou-veraineté nationale, soit en s'annexant à un État voisin, soit en se constituant en État indépendant, sans préjudice des peines plus fortes, qui auraient été encourues aux termes des articles 87 et suivants du Code pénal.

« Art. 3. — L'article 463 du Code pénal pourra être appliqué quant aux peines de la prison et de l'amende prononcées par les articles précédents. (Sur un grand nombre de bancs. Très-bien! bravo!)

« *M. le garde des sceaux.* — Je demande l'urgence.

« *M. Édouard Charton.* — Au nom de la commission chargée d'examiner la proposition de loi tendant à l'abrogation des articles 291 et 292 du Code pénal, je demande que le projet de loi qui vient d'être présenté par M. le garde des sceaux soit renvoyé à cette commission.

« *Voix nombreuses.* — Non! non!

« *M. le président.* — Je mets d'abord aux voix la question d'urgence.

« L'urgence est mise aux voix et déclarée. »

L'exposé des motifs est rédigé dans ce style en cravate blanche qui vous écrase de son honnêteté. Peut-on résister à un argument comme celui-ci:

« Nous avons la conscience de ne rien proposer qui ne soit conforme à la plus stricte équité et aux conditions mêmes d'où dépend l'existence de tout ordre social? »

Plus loin, le rapporteur a des accents émus et atteint au cynisme lorsqu'il dit:

« Les choses étant ainsi, il ne saurait suffire, pour préserver notre pays de nouvelles catastrophes, de frapper l'association dans ceux de ses membres que la justice a pu atteindre et saisir comme coupables de crimes ou délits définis et qualifiés par la loi pénale. Il faut que l'association elle-même soit proscrite comme une puissance étrangère et ennemie, qui viendrait, à notre propre foyer, conspirer notre ruine; il faut que ceux de nos nationaux qui continuent à en faire partie sachent bien ce qu'ils font et à quoi ils s'exposent, s'ils persistent à rester dans les rangs d'une société implacable, que le spectacle d'aucune de nos douleurs, d'aucune de nos misères n'a pu fléchir. Il faut qu'ils choisissent entre la patrie française et cette autre patrie sans nom, sans dieu, sans autre histoire que les ruines qu'elle a faites, car ils ne peuvent servir à la fois la cause de l'une et celle de l'autre. Enfin, il faut qu'ils sachent bien ceci : C'est que s'ils répudient la France, la France, à son tour, est prête à les renier. »

Mais on ne veut pas punir la liberté de penser. Permis à chacun de professer les doctrines qu'il entend servir. On s'opposera tout simplement à une application trop immédiate ; on n'est pas plus généreux.

Écoutez :

« Et qu'on le remarque bien ! Ce ne sont pas des doctrines insensées que la loi entreprend de réprimer, mais les efforts faits, les associations formées pour les réaliser au milieu d'une société qui les repousse et qu'elles bouleverseraient jusque dans ses fondements. »

Par bonheur, les députés, fatigués... de n'avoir rien fait, sont partis en vacances.

La loi n'est pas votée.

Espérons qu'elle ne le sera jamais.

La voter serait commettre une grande faute.

Une mauvaise loi jette la perturbation dans les esprits.

C'est une calamité publique.

Or, toute loi est mauvaise lorsque, au lieu de suivre les mœurs, elle tend à les diriger. Le projet de M. Dufaure a précisément ce but. Il faut regretter que la Chambre ne l'ait pas repoussé à l'unanimité.

Aujourd'hui, il est devenu dangereux de froisser les travailleurs, qui sont le nombre, et, par suite, la force.

A tort ou à raison, les travailleurs entendent conserver leur organisation actuelle.

Le législateur, au lieu de les combattre, devrait les protéger.

Que l'on ne cherche, dans ces derniers mots, aucune intention maligne! Nous voulons la liberté pour nous ! C'est dire que nous la réclamons aussi pour les autres.

D'ailleurs, qu'on le sache bien, poursuivie, l'*Internationale des travailleurs* deviendra une victime qu'on plaindra en se jetant dans ses bras ; et, avant peu, cette association verra doubler le nombre de ses affiliés.

On ne s'est pas dit cela, et c'est très-fâcheux.

On nous objectera que l'auteur du projet de loi est animé de bonnes intentions! Hélas! nous savons bien que M. Dufaure est sincère. Aussi, nous le plaignons de toute notre âme.

Au fond, qu'a-t-il voulu? Défendre aux citoyens français de s'affilier à une association internationale se proposant le même but que l'*Internationale des travailleurs*.

Le ministre se sent quelque peu troublé par les théories, renouvelées du congrès de Bâle, qu'un vent délétère porte vers les sphères gouvernementales.

Et, pour obliger les travailleurs à abandonner le terrain des abstractions chimériques, l'Excellence prend des airs de faux Croquemitaine, et promet aux internationaux l'amende et la prison!

On n'est pas plus vigilant.

Cela, il est vrai, n'empêche pas l'exposé des motifs de dire à ceux qu'il veut atteindre :

Vous pouvez continuer, comme par le passé, à vous plonger dans les théories creuses. Seulement, ne vous avisez pas de tenter la réalisation de vos rêves.

* *

En fait, le Gouvernement, par son projet de loi, veut soustraire les travailleurs aux déclamations qui stérilisent.

Nous n'avons pas d'autre but. Mais nous procé-
dons par la persuasion, non par l'intimidation.

Si le concours des patrons honnêtes et dévoués
nous faisait défaut, nous ne pourrions arriver à nos
fins. Aurions-nous cependant produit un résultat
tout opposé? Certes, non.

*
* *

Pour amener les ouvriers à écarter les marchands
d'orviétan qui viennent, en roulant des yeux flam-
boyants, et en agitant leur crinière, parler de
l'*infâme capital* et de l'*odieuse exploitation de l'homme
par l'homme*, nous voulons tout simplement habi-
tuer les salariés à discuter, par des chiffres, leurs
intérêts professionnels.

Nous y arriverons au moyen de l'*Internationale
des patrons*.

Que de grèves n'a-t-on pas vu se prolonger et se
terminer autrement qu'à l'amiable parce que les
grévistes avaient accepté pour conseils des farceurs
plus habiles à embrouiller une situation qu'à l'é-
claircir?

Les grands mots font plus de bruit que de be-
sogne, et quand on a prononcé un discours en un
grand nombre de points sur les exploiteurs et les
exploités, et sur la nécessité, pour ceux-ci, de
manger ceux-là; quand, en trois heures vingt-cinq
minutes, on a parlé de tout, excepté du point en

litige, les tisseurs ou les fondeurs, qui ont une difficulté avec leurs patrons, ne sont guère plus avancés.

*
* *

Au lieu de ce chef de maison qui avale, sans sourciller, l'éloquence nuageuse d'un réformateur à longs cheveux, supposez six ou sept patrons exerçant la même industrie ou le même commerce. Des ouvriers, en nombre égal, sont devant eux.

La discussion s'ouvre aussitôt sur le terrain pratique. Elle ne s'égare pas et montre qu'on est beaucoup plus près de s'entendre qu'on ne le pensait.

Lorsqu'on se sépare, tout motif de ressentiment a disparu.

*
* *

Supposez le mouvement général. Dans chaque industrie et dans chaque commerce, les ouvriers ont appris à discuter leurs intérêts avec leurs associés naturels, les patrons. Partout, des conseils de conciliation se sont formés. Une grève ne peut éclater que si toutes les tentatives de rapprochement sont restées vaines.

Si des travailleurs repoussent des propositions acceptables et suspendent leurs travaux, ils trouvent derrière eux une association puissante qui leur permet de ne point mourir de faim ; mais, au lieu d'avoir devant eux un seul patron, ils ont une association de patrons qui, de son côté, soutient la grève.

La lutte est donc impossible.

Toutefois les patrons, devenus une puissance par l'association, ne chercheront pas à abuser de leur force. La décision d'un conseil de conciliation sera soumise à la section ou au groupe, puis au comité central qui décidera, en dernier ressort, si la résistance d'un patron, approuvée par cinq ou six confrères, est légitime et doit être encouragée.

*
* *

On le voit, l'*Internationale des patrons* donnera aux travailleurs de sérieuses garanties.

Mais ces garanties ne seront complètes que le jour où les travailleurs consentiront à entrer dans les sections, les groupes et les comités centraux où siégent les patrons.

La conciliation amènera la fusion des deux associations internationales dans la ligue puissante des patrons et des travailleurs, ligue des citoyens utiles, qui englobera les écrivains, les professeurs, les artistes, et tous ceux qui, à un titre quelconque, concourent à augmenter la richesse matérielle ou morale de la nation.

Lorsque nous aurons atteint ce résultat, la loi

proposée par M. Dufaure sera aussi inutile qu'elle est aujourd'hui dangereuse, et nous pourrons demander au ministre de la justice lequel, de lui ou de nous, était dans le vrai.

XIII

Patrons et ouvriers forcément associés.

Le capital et le travail, le patron et l'ouvrier sont nécessairement, fatalement associés.

Or, dans toute association, l'estime et l'affection mutuelles sont les garanties du succès : l'aversion et la haine enfantent les catastrophes.

*
* *

En France, ces deux hommes qui dépendent l'un de l'autre, le patron et l'ouvrier, n'ont encore appris ni à se respecter ni à s'aimer.

Le salarié a entendu dire que la propriété était un vol et que l'hérédité encourageait la paresse. Il en a pris bonne note et n'a pas tardé à se demander

pourquoi, lorsqu'il ajoutait à un objet une plus-
value de 15 ou de 20 francs, il ne gagnait que
4 ou 5 francs par jour.

Il aurait pu se répondre qu'un produit fabri-
qué n'est pas encore livré; et que, une fois livré, il
peut n'être pas payé. Les mortes saisons et les fail-
lites sont des obstacles qui affaiblissent le capital,
quand ils ne l'anéantissent pas. Pour le patron, une
plus-value de 15 ou de 20 francs se solde parfois
par 10 ou 15 francs de perte, matière première et
main-d'œuvre.

Mais l'homme est naturellement porté à croire
ce qui lui est favorable; et lorsque des épileptiques,
en quête d'un lambeau de popularité, viennent affirmer aux travailleurs que les patrons sont de vils
exploiteurs, les travailleurs appplaudissent et se
persuadent qu'on les exploite.

*
* *

Sommes-nous à la veille de fonder un ordre de
choses durable? On le dirait, à ne voir que les agi-
tations stériles de ces derniers temps.

Une société bouleversée, avant de se remettre
d'aplomb, a besoin de vaciller. Elle penche à droite,
puis à gauche, ou à gauche, puis à droite. De
là, le drapeau rouge qu'on veut acclimater, et le
drapeau blanc, qu'on tient à exhumer.

Ces écarts d'équilibre, en jetant les masses dans

l'inconnu, ont pour privilége spécial d'obscurcir chez elles les simples notions du bon sens. On prend pour règle l'accident, et l'on érige en droit de pures fantaisies.

Étonnez-vous, après cela, que l'ouvrier en soit arrivé à regarder son patron comme son plus grand ennemi.

⁎ ⁎
⁎

Soyons juste : le patron ne voit pas toujours, dans l'ouvrier, l'égal qui l'aide dans la mesure de ses forces et de son intelligence.

L'humanité marche. Avant que les nègres noirs d'Amérique ne fussent affranchis, les nègres blancs de France étaient déjà des citoyens.

Aujourd'hui, leurs droits politiques sont à l'abri de toute surprise.

Qu'on le veuille ou non, il faut compter avec eux.

Ils sont la force, car ils sont le nombre.

C'est dire que, par leur vote, ils peuvent exercer une grande influence sur les affaires publiques.

A ce titre seul, ils méritent assurément quelque considération.

Ajoutons qu'ils sont un élément indispensable de la production. L'air est un composé d'oxygène et d'azote. Supprimez l'un de ces deux corps, vous n'avez plus d'air. Sans le travail, plus de production. Le capital abondonné à lui-même est une locomotive sans pistons.

Des patrons, heureusement peu nombreux, ne voient dans leurs associés naturels que des inférieurs.

De cette idée d'infériorité à l'idée de mépris, il n'y a pas loin.

*
* *

Ainsi, haine d'un côté; absence d'amour de l'autre.

Tous nos efforts doivent tendre à animer les patrons et les ouvriers d'une bonne volonté réciproque. Par là, nous ramènerons les associés à l'observation du contrat qui les lie.

On s'étonne parfois que la question sociale ne s'accuse périodiquement que par des commotions qui reculent la solution au lieu de la précipiter. Mais il ne faut pas être Normand pour chercher noise à l'adversaire qu'on exècre. Rien n'est plus facile que d'inventer des griefs. En vain aurez-vous inondé votre contrat d'attendus et de considérants! Votre esprit, prompt à s'alarmer, n'a pu tout prévoir. Vous pensiez avoir déjoué les ruses! Regardez autour de vous; des piéges, tout grands ouverts, vous attendent. Si vous faites un pas contre l'ennemi qui vous traque, et vous cerne, vous lais-

serez derrière vous vos chairs meurtries ; on dira
que vous avez provoqué la lutte, et le public vous
condamnera.

★
★ ★

Au milieu de toutes ces tracasseries qui éner-
vent et découragent, que devient l'industrie ou le
commerce, que devient l'association?

Hélas ! un beau matin, les ouvriers, froissés de
certains refus, se mettent en grève. Le patron ré-
siste et ne fait plus face à ses engagements.

Faillite pour l'un, misère pour les autres.

Et tout cela pourquoi? Parce qu'on se détestait.

Mais pourquoi ne pouvait-on vivre en paix? De-
mandez-le. On vous répondra en vous faisant des
discours sans rimes ni raison sur l'extinction du
paupérisme et l'abolition de la richesse.

★
★ ★

Au fond, soyez sûr qu'il n'y avait qu'un mal-
entendu. On s'exécrait sans savoir pourquoi; on
s'est combattu sans se demander si la lutte était
légitime.

Ce conflit, que rien ne justifie, fait toujours, en
éclatant, de nombreuses victimes.

Plaignons ces victimes.

Mais, hâtons-nous de maintenir dans le devoir
les patrons et les ouvriers que les petites rancunes

n'ont pas encore divisés. Disons aux uns et aux autres que des hommes, appelés à se rencontrer tous les jours sur le chemin de la vie, ne peuvent avancer d'une semelle s'ils emploient leur temps à se disputer un passage où ils entreraient facilement côte à côte.

C'est dans le but de réconcilier le capital avec le travail, et de les faire marcher ensemble sur la voie du progrès, que nous organisons l'*Internationale des patrons*.

Pas d'équivoque.

Si cette déclaration ne suffit pas, nous sommes prêt à répondre à toutes les objections.

D'ailleurs, nous agirons au grand jour.

Le public jugera.

Quant aux travailleurs, ils auront assez de bon sens pour ne pas se méprendre sur nos intentions.

Qu'ils viennent à nous.

En nous combattant, ils tireraient sur leurs frères.

Ils ne le feront pas, et ils ne verront, dans les patrons qui vont nous suivre en formant le comité d'initiative, que des amis intelligents et dévoués.

XIV

Loi économique du travail et du capital.

L'homme ne crée pas, ne détruit pas.

Il ne peut que modifier ou transformer la matière.

C'est cette modification ou cette transformation qu'on nomme « production. »

Tout produit est dû à la combinaison des efforts du capital et du travail. Le prix obtenu par l'échange doit donc se répartir entre l'ouvrier et le patron.

La part de l'un se nomme « profit, » celle de l'autre est dite « salaire. »

*
* *

Mais les forces naturelles, appropriées à la modification ou à la transformation de la matière, s'identifient en quelque sorte avec l'intelligence qui les découvre et la main qui les fait agir.

Cette appropriation, par ses progrès, augmente la production.

Toutefois, les objets fabriqués, devenus plus nombreux, perdent de leur prix, et les profits du capital diminuent.

Au milieu de ces luttes fructueuses, conséquence d'une civilisation qui grandit, que devient le travailleur? En imaginant et en dirigeant les nouveaux agents de production, le travailleur a acquis une valeur qu'il n'avait pas. Par suite, la part qui lui revient doit augmenter.

On peut donc dire que la marche ascensionnelle des sociétés conduit à proclamer, dans la distribution des produits du travail, une loi qui établit, comme une nécessité économique, l'augmentation constante des salaires, et la diminution constante des profits.

Pourtant, le capital n'y perd pas ; au contraire, il y gagne.

Smith a écrit :

« La loi qui régit la distribution des produits du travail, qui assigne à l'ouvrier une proportion toujours croissante, et au capital une proportion diminuant sans cesse, et qui donne cependant plus en quantité absolue à chacun d'eux, loi qui tend par conséquent à produire l'égalité parmi les hommes, fut une découverte de Carrey[1]. »

*
* *

Le patron qui élève les salaires à mesure qu'augmentent ses produits, ne fait que céder à la force des choses, et n'a aucun mérite d'avoir accordé ce qu'il ne pouvait refuser.

S'il est intelligent, il donne plus à ses ouvriers pour en obtenir davantage, et provoque, par l'élévation des salaires, l'augmentation des produits.

Il faut bien se persuader, en effet, que si l'élévation des salaires est la conséquence, elle est aussi la cause de l'augmentation des produits.

Le travail qu'on ne paye pas ou qu'on paye peu coûte toujours plus cher qu'on ne pense.

L'ouvrier ne s'intéresse à son œuvre et n'y fait passer son âme que s'il trouve, à la fin de la journée, la juste récompense de ses peines et de ses soins.

D'ailleurs, si la main conduit le rabot, la tête dirige la main. A une force musculaire indispensable viendra donc s'ajouter l'intelligence.

*
* *

Or, comment voulez-vous que l'ouvrier, quittant

---

1. Carrey habite Philadelphie.

ce soir l'atelier, puisse s'y représenter demain animé d'une vigueur nouvelle, lorsque le salaire qu'il touche ne lui permet pas de demander à une nourriture substantielle la réparation des forces perdues dans une journée de labeur?

Pour aller loin, il faut aller lentement. L'homme ne donne tout ce qu'il peut donner que si un parfait équilibre existe chez lui. Lorsque la somme d'efforts accomplis est représentée par 80, et la somme de forces acquises par 50, l'équilibre est détruit; le travail languit et souffre.

Supposons l'harmonie rétablie. L'ouvrier, mieux payé, peut rendre à ses muscles l'énergie. Le patron a-t-il fait assez? Non. En reprenant les chiffres posés plus haut, il faut que le travailleur, qui dépense 80, reçoive 100.

Nous avons pensé, en effet, qu'il était impossible de bien entretenir les bras sans soigner l'esprit.

Le travailleur aura 20 à donner à son intelligence.

Résultat : travail plus vite fait et mieux fait.

*
* *

Si tous les patrons acceptaient, en la comprenant, la nouvelle situation du travail et du capital, il serait facile de ramener la question sociale à une simple question économique.

Peut-être y arriverons-nous.

D'ici là, nous aurons triomphé de certaines résistances.

Déjà les industriels les moins portés aux innovations irrésistibles, avouent que le travail le plus coûteux est toujours celui des mauvais ouvriers.

Nous prenons acte de cet aveu.

Mais si le planteur, qui ne rétribue pas l'esclave, qui le nourrit à peine, trouve un grand avantage dans le travail libre, il en résulte que plus le travail sera libre, c'est-à-dire plus l'ouvrier sera robuste et intelligent, et plus augmenteront les produits, et par suite les profits du capital.

Toutes les fois qu'on prend l'homme plus mauvais ou meilleur qu'il n'est réellement, on risque fort de n'exciter chez lui qu'une profonde indifférence. Ici, nous ne reprochons pas aux patrons de chercher à s'enrichir dans le commerce ou l'industrie; car, c'est précisément leur intérêt qui leur commande d'élever les salaires et, au besoin, d'abandonner une partie des bénéfices.

*
* *

La loi économique, formulée par Smith et découverte par Carrey, porte les patrons et les travailleurs à modifier les termes du contrat qui les oblige, à mesure que se modifient les conditions de la production.

Jusqu'ici, les modifications ne se sont produites que par des moyens violents.

Les ouvriers, en présence de patrons dont les profits augmentaient, ont voulu gagner davantage. N'ayant pu fléchir l'obstination qu'ils rencontraient, ils se sont irrités. De là des grèves.

Les grèves sont presque toujours le résultat d'un faux calcul. Plus d'un chef d'usine, qui a perdu 100 000 francs par la cessation des travaux, aurait ajouté, en élevant les salaires, 200 000 francs à ses bénéfices.

*
* *

Dans tous les cas, les travailleurs, par leurs nombreuses revendications, ont montré qu'ils pressentaient une meilleure répartition des produits du travail.

En appliquant les données de la science économique aux rapports des patrons et des travailleurs, on arrive à améliorer la situation des uns et des autres, et à unir étroitement le capital et le travail.

Pour fixer les droits respectifs qui vont augmenter et baisser avec l'augmentation des produits, on instituera des conseils composés de patrons et d'ouvriers.

XV

Grèves locales et générales.

Les salariés d'aujourd'hui sont les associés de demain.

Impossible de le nier.

Comment seront réglées les conditions de cette association entre patrons et ouvriers? Les patrons auront-ils la moitié des bénéfices et les ouvriers l'autre moitié? Mais, s'il y a des pertes? Le capital, en cas de déficit, vivra tant bien que mal. Et le travail? Il faut dîner tous les jours; et, quand on ne possède que des espérances, on ne peut escompter l'avenir.

Nous pensons qu'il faudra adopter une combinaison qui permette aux travailleurs de vivre, même pendant les crises industrielles et commerciales. On continuera, par exemple, à leur donner le salaire le plus bas, et, au lieu de toucher la moitié des bénéfices, ils n'auront plus que le huitième ou le douzième.

*
* *

Aujourd'hui, grâce à la vapeur et au télégraphe, il n'y a plus un marché français, anglais ou allemand : il y a le marché européen, ou, plutôt, universel.

Les nations étant entrées en lutte les unes avec les autres, on fabrique, non plus pour son pays, mais pour tous les pays. Le prix des produits importés ou exportés est donc partout à peu près uniforme. Mais si l'industriel ou le négociant français ne peut vendre plus cher que son voisin l'anglais, il est tenu de repousser toute innovation qui l'empêcherait précisément de soutenir la concurrence étrangère.

C'est pour lui une question de vie ou de mort.

Il refusera donc une augmentation de salaire. Donner 4 francs 50 centimes par jour au lieu de 4 francs, c'est s'obliger à augmenter ses prix de vente de 50 centimes. C'est éloigner la demande et tuer la vente.

Il faut donc maintenir les anciens salaires, ou fermer son usine.

Pour vaincre la résistance qu'ils rencontraient,
et qu'ils s'expliquaient, les travailleurs ont résolu
de s'organiser. En supprimant les frontières et en
remplaçant le mot patrie par cet autre : humanité,
ils ont eu pour but de décréter la grève universelle
dans le commerce ou l'industrie qui réclamait
moins d'heures de travail par jour, et des heures
mieux rétribuées.

Comme le patron français savait que le patron
anglais était mis dans la même alternative que
lui, il en résultait que, d'un côté comme de l'autre, on pouvait accepter les conditions proposées,
sauf à augmenter ses prix.

En le faisant, on n'avait pas à craindre de se
voir fermer un débouché.

*
* *

L'unité du marché commercial ayant produit
l'*Internationale des travailleurs*, il est vraiment
étrange que cette même unité n'ait pas déjà donné
l'idée de l'*Internationale des patrons*.

Notez que nous appelons de tous nos vœux les
réformes urgentes. Mais, s'il ne faut pas sacrifier l'ouvrier au patron, il ne faut pas non plus
sacrifier le patron à l'ouvrier. Or, il n'est pas
vrai, d'une manière absolue, qu'une industrie,
en augmentant partout ses produits, n'ait absolu-

ment rien à craindre dans l'avenir. Nous savons
bien qu'il y a vente tant que l'offre répond au besoin
accusé par la demande. Mais, de nouvelles conditions apportées aux transactions ne peuvent-elles
pas, à un moment donné, limiter l'étendue du besoin en réduisant la demande? Une augmentation
de prix, quelque générale qu'elle puisse être, produira infailliblement ce résultat. Si le mètre de
soie, qui valait hier 4 francs, se paye 5 francs aujourd'hui, il est clair qu'on vendra beaucoup moins
de mètres de soie aujourd'hui qu'hier.

*
* *

Une grève universelle dans une industrie ou
dans un commerce a des conséquences qui, pour
être moins apparentes, n'en sont pas moins réelles.

Une grève locale est assurément plus dangereuse,
puisqu'elle tue l'industrie ou le commerce qu'elle
atteint. Mais la grève qui s'étend partout n'a pas
moins ses dangers.

C'est un expédient qui peut faire diminuer la
production.

C'est une arme que les travailleurs emploient
contre les patrons, et qui peut, parfois, se retour-
ner contre eux.

*
* *

Malheureusement, ce qui a toujours manqué

8

jusqu'ici aux travailleurs organisés, c'est l'organisation des patrons.

Les associés naturels, patrons et ouvriers, se
sont divisés en deux camps.

Du côté des ouvriers, on vit se manifester une
énergie, une activité, et, parfois, une intelligence
qui avaient lieu d'étonner. On discutait posé-
ment. Quelquefois, il est vrai, on dépassait les
bornes de la prudence.

Le public neutre mettait ces sorties audacieuses
sur le compte de l'inexpérience, et souriait.

Du côté des patrons, calme plat révoltant. Pour
se maintenir à flot et naviguer loin des récifs, on
se cramponna aux errements du passé. On fit,
avec la routine, une alliance offensive et défensive.
On ignora les nouvelles conditions économiques
des sociétés modernes. Pourvu que l'usine rappor-
tât tant, on ne demandait au souffle émancipateur
qui passait ni d'où il venait ni où il allait. On vécut
au jour le jour. On n'eut ni préférences ni répugnances. Et lorsque, un beau matin, une vingtaine
d'hommes résolus venaient dire à un industriel, au
nom de cinq ou six cents camarades, qu'ils avaient
besoin, pour vivre, de 10 sous de plus par jour,
les délégués étaient tout étonnés de se touver en
présence d'un homme endormi que l'ultimatum de
ses associés ne parvenait pas toujours à tirer du
sommeil.

Il est arrivé ce qui devait fatalement se produire.

Les ouvriers, actifs et persévérants, n'ayant pas été maintenus par l'activité et la persévérance des patrons, se sont donné libre carrière. Comme ils n'ont pas rencontré devant eux les obstacles qu'ils cherchaient, ils ont toujours marché et se sont égarés sur des routes inconnues. Ils ont dépassé le but sans l'atteindre.

A qui la faute, si ce n'est aux patrons? Lorsque les fondeurs de France et de l'étranger suspendent leurs travaux et obtiennent, par une grève, l'augmentation de salaire qu'ils réclament, qui viendra leur ouvrir les yeux sur la réalité qu'ils se cachent? Qui leur dira que leur triomphe peut être le signal de leur perte? ou que leur victoire est inopportune? Le patron isolé ne sait pas ce qu'il peut espérer ou redouter des pays où il exporte ses produits à des prix plus élevés. Et comment, ne le sachant pas, serait-il admis à justifier sa résistance ou, plutôt, son entêtement?

Il est quelqu'un qui a plus d'expérience que l'homme le plus expérimenté. Ce quelqu'un-là, c'est tout le monde.

Les patrons connaîtront beaucoup mieux leurs propres affaires lorsqu'ils auront étudié celles de leurs voisins.

C'est en sortant de l'isolement qui les tue ; c'est

en s'organisant et en s'engageant loyalement, résolûment et sans arrière-pensée dans le débat, que
les patrons feront entrer la question sociale dans
une phase nouvelle. Ils ne donneront peut-être
pas de rentes aux partageux, mais, par leur concours, ils apprendront aux travailleurs laborieux
et honnêtes à chercher le progrès dans les réformes que la libre discussion prépare, accrédite et
consacre.

L'*Internationale des patrons* ne corrigera pas tous
les abus; mais en fermant l'ère des insurrections,
elle fera une humanité plus heureuse et plus
digne.

Que les industriels et les négociants qui peuvent
nous seconder, ne nous marchandent ni leur dévouement ni leur abnégation.

L'œuvre sera difficile; mais les obstacles, loin
d'ébranler notre courage, ne feront qu'affermir
en nous la volonté qui nous anime.

XVI

Conseils de conciliation.

L'hostilité du capital et du travail n'a jamais produit que des crises douloureuses.

Cette hostilité s'accuse presque toujours par les grèves; parfois par les émeutes et les insurrections.

Si les patrons ne s'organisaient que pour mieux résister aux travailleurs déjà associés, cette nouvelle puissance, née pour la lutte, ne ferait qu'ajouter à l'intensité du mal en rendant impossible toute espèce de transaction.

*
* *

Il y a quelques années, des patrons anglais, in-

quiets du progrès des *trade's-unions*, résolurent de
se liguer contre l'ennemi qui les menaçait.

Leur attitude militante contribua tout simplement à exaspérer les travailleurs. Manchester et
d'autres centres industriels furent le théâtre de
scènes regrettables.

La loi restait impuissante.

D'ailleurs, une répression quelconque n'eût fait
qu'augmenter l'exaltation des esprits.

Il fallait pourtant mettre un terme à un état de
choses qui paralysait tous les intérêts. Les Anglais,
instruits par cette courte expérience, ne craigni-
rent pas d'entrer dans la voie de la conciliation.
Une commission d'enquête proposa au parlement
d'accorder la protection de la loi aux *trade's-unions*,
qui ne jouissaient jusqu'alors que d'une simple
tolérance.

On alla plus loin : on voulut prévenir les grèves.
Un manufacturier, M. Mundella, institua le premier, à Nottingham, un conseil d'arbitres.

Pour obtenir une augmentation de salaire, des
milliers d'ouvriers venaient de quitter leurs travaux. Le moment était critique. M. Mundella, suivi
de quelques patrons, donna rendez-vous aux délégués des ouvriers à la chambre de commerce[1].

_____

1. On lit dans le *Daily-News* du 29 septembre dernier :
« Le compromis proposé par M. Mundella dans le but de termi-

Alors s'ouvrit une discussion qui dura plusieurs jours et qui se termina par le vote d'un conseil chargé de prévenir les grèves.

Les ouvriers élurent neuf délégués, les patrons autant, et le conseil se trouva constitué le 3 décembre 1860.

Ce conseil, nommé pour un an, tira quatre membres de son sein pour former un comité d'enquête dont la mission spéciale était, si faire se pouvait, d'étouffer les différends à leur naissance, et de ne porter devant le conseil que les contestations non terminées à l'amiable.

Le président du conseil eut d'abord voix prépondérante en cas de partage. Mais selon qu'il était ouvrier ou patron, les patrons ou les ouvriers l'accusaient de partialité.

On finit par modifier le système. Aujourd'hui, en cas de partage, le conseil s'adjoint un membre supplémentaire.

*
* *

L'idée d'arbitrage se propagea ; et, après avoir

---

ner la grève de Newcastle, portant que les ouvriers abandonnent une partie de leurs salaires pour compenser les trois heures de travail par semaine qui font encore l'objet du litige, a été soumis hier au vote des grévistes, et accepté par eux à l'unanimité. »

Mais les patrons, on le sait, se sont montrés longtemps inflexibles.

M. Mundella est aujourd'hui membre du parlement d'Angleterre.

séduit les bonnetiers, fut appliquée par les ouvriers en dentelles de Nottingham.

Puis, elle rétablit la concorde et l'harmonie dans les districts miniers du Soulth-Lancashire, du Staffordshire et de Middlesborough. Les ouvriers en bâtiment de Bradfort la comprirent et l'acceptèrent.

Le nombre des conseils de conciliation augmente tous les jours de l'autre côté du détroit. Les patrons qui résistent cèdent peu à peu à l'opinion publique.

Les contestations entre les patrons et les ouvriers avaient pour cause une irritation réciproque aussi profonde qu'injustifiable. On s'est imposé une trêve dans la haine et l'on s'est éclairé. Et les deux camps ennemis, qui voulaient s'entre-manger sans savoir pourquoi, se sont fondus dans une seule armée jalouse de faire la guerre à la routine, aux abus et aux préjugés.

A Newcastle, sir W. G. Amstrong, dans sa lettre à M. Mundella, demande aux ouvriers de soumettre la question qui divise le capital et le travail à des arbitres, patrons et ouvriers, nommés par toutes les usines de mécaniques de l'Angleterre.

*
* *

Pourtant, il ne suffit pas de rapprocher, dans chaque industrie, les patrons et les ouvriers. La sagesse consiste à tirer le meilleur parti possible d'une situation donnée. Si, dans un pays, les travailleurs ont fondu leurs nombreuses sociétés dans une seule association, les patrons ne pourront, sans danger, rester isolés. Alors, en effet, l'accord serait moins solide et moins durable. L'organisation d'un côté et le manque d'organisation de l'autre, ne mettraient pas le capital et le travail sur le pied d'égalité. Un patron, ignorant si ses confrères résistent ou cèdent, ne céderait ou ne résisterait qu'avec une arrière-pensée, et les transactions qui interviendraient ne seraient que des temps d'arrêt dans la lutte.

* *

Allons jusqu'au bout dans nos déductions.

Si les travailleurs, au lieu de former une ligue nationale, confondent leurs intérêts dans une association où l'on ne distingue ni langues, ni nationalités, il est indispensable, pour ne pas tromper les espérances de conciliation, d'unir également les patrons des différents pays.

Qu'on le veuille ou non, l'*Internationale des travailleurs* existe.

C'est, dit-on, un danger pour la société. Mais le moyen d'éloigner le danger ? Le plus sûr est encore d'adoucir le monstre en jetant dans son sein un élément généreux qui le dompte.

Cet élément, ce sera l'*Internationale des patrons* qui viendra enlever à la première association toute espèce de raison d'être.

Toutefois, l'Internationale des travailleurs et des patrons sera toujours justifiée par les nécessités bien comprises de l'offre et de la demande.

*
* *

Cette solidarité, qui lie différentes nations, a été si bien comprise à Nottingham, que le conseil de conciliation envoya, en 1867, deux délégués recueillir les prix de la main-d'œuvre en France et en Allemagne.

Supposez des relations établies entre les patrons et les ouvriers français, anglais et allemands, tout déplacement devient inutile. L'industriel ou le commerçant qui veut se renseigner sur l'étranger n'a plus qu'à envoyer une simple note au comité central de son pays, qui la communique au conseil général.

*
* *

Lorsque les patrons auront formé des sections et des groupes, chaque section et chaque groupe se subdivisera en industries et en commerces particuliers.

Adoptera-t-on immédiatement les conseils de conciliation ?

Nous verrons reparaître en France, peut-être plus accentuées, les objections que souleva en Angleterre le système inauguré à Nottingham.

Les partisans du *statu quo*, amis de la routine, verront dans l'innovation proposée une pure utopie.

D'aucuns, parmi les hommes d'initiative, répondront que leurs affaires ne sont pas celles de leurs voisins, et qu'ils ne peuvent accepter un arbitrage dont la première conséquence serait une atteinte portée à leur indépendance.

Hélas ! nous savons bien qu'on ne peut faire pénétrer qu'à coups de maillet, pour ainsi dire, une idée nouvelle dans certains esprits. Le progrès est un combat. Pour planter un jalon sur un sentier non frayé, il faut briser les résistances de ceux qui ne voient, dans une marche en avant, qu'une imprudence coupable.

On y est parvenu en Angleterre : on y parviendra en France.

Si des patrons s'obstinent à rester isolés, ils subiront tôt ou tard la pression de l'opinion publique. Et, pour sortir de la solitude qui leur pèsera, ils viendront demander à se mêler au mouvement.

En acceptant leur concours, on oubliera leurs hésitations.

XVII

Chambres syndicales.

L'empire, entre deux sommeils, pensait parfois aux choses sérieuses. Ainsi, en 1864, au sein d'une commission législative, le rapporteur de la loi sur les coalitions disait :

« Avant de plaider, on est obligé de comparaître en conciliation devant le juge de paix. La tentative d'ordre amiable se place avant l'ordre judiciaire. D'après le Congrès de Paris, la guerre doit être précédée d'un essai de médiation. Pourquoi la guerre industrielle ne serait-elle pas comme la guerre judiciaire, comme la guerre politique, précédée d'un essai de conciliation ? »

La commission proposa de faire comparaître les

parties en litige devant une réunion de patrons et d'ouvriers.

En cas de non comparution, on devait même être condamné à l'amende et à la privation des droits politiques.

*
* *

Ce projet n'aboutit pas.

Heureusement! En France, nous avons trop souvent la manie de ne percer les broussailles de l'erreur qu'au moyen de la loi. Or, la loi nous fait toujours gâter les meilleures choses. Que voulait-on à Nottingham, en organisant les conseils de conciliation? Tout simplement prévenir le mal. Lorsque, des deux côtés, on vivait en bonne intelligence, on affermissait la concorde et la paix en ne laissant aux futures querelles aucun moyen d'éclater.

En France, d'après le projet de 1864, on eût attendu niaisement qu'un conflit se fût produit; et c'est lorsque les patrons et les ouvriers se seraient réciproquement montré le poing; c'est lorsque les petites vanités et les petites rancunes auraient excité les esprits et enflammé les imaginations, c'est alors qu'un tribunal mixte, nommé par le conseil des prud'hommes ou le président du tribunal de commerce, serait venu discuter une question de salaire! Il était évident pour tout le monde, excepté pour les auteurs du projet, que la conciliation, tentée dans ces conditions, devait fatalement, au lieu de calmer l'irritation, augmenter l'effervescence.

Pourtant, des industriels ont voulu, dans ces derniers temps, mettre fin par l'arbitrage à des grèves ouvertes.

Hélas! patrons et ouvriers ne se sont rapprochés un instant que pour mieux se séparer l'instant d'après.

*
* *

Pour réaliser les espérances qu'ils donnent, les conseils de conciliation doivent être institués dans les différentes industries, lorsqu'on ne signale aucun germe de conflit.

Ils seront composés d'un nombre égal de patrons et d'ouvriers.

En cas de partage, on appellera, pour vider le différend, un membre supplémentaire désigné par le sort, sur une liste de patrons et d'ouvriers.

Ici, on pourra profiter de l'organisation actuelle des chambres syndicales.

L'empire était toujours armé de l'article 291 du Code pénal et de la loi du 10 avril 1834. Mais, au lieu d'interdire les réunions de plus de vingt personnes, il déclara qu'il permettrait aux ouvriers

de discuter entre eux leurs intérêts professionnels.

Dans les dernières années du régime déchu, les
travailleurs avaient insisté pour obtenir l'abrogation de l'article 291 et de la loi de 1834.

Ils disaient que les patrons avaient formé des
chambres syndicales, et qu'il était indispensable de
fonder des syndicats ouvriers.

Ainsi, on réglerait plus sûrement et d'une manière beaucoup plus équitable, les débats qui pourraient s'élever à propos des salaires ou des heures
de travail.

Le 30 mars 1868, M. Forcade la Roquette, ministre des travaux publics, répondit :

« L'administration est restée étrangère à la formation
et au développement des chambres syndicales ; mais il est
arrivé souvent que le Tribunal de commerce leur a confié
la mission de donner leur avis sur des affaires contentieuses,
ou de les régler par la voie amiable.

« Les raisons de justice et d'égalité invoquées par les
délégations ouvrières pour former à leur tour des réunions
analogues à celles des patrons ont paru dignes de considération, et les ouvriers de plusieurs métiers ont pu se
réunir librement pour discuter les conditions de leurs syndicats. En attendant les mêmes règles pour les ouvriers
que pour les patrons, l'administration n'aura pas à inter-
venir dans la formation des chambres syndicales. »

Les travailleurs ont compté sur la tolérance du

gouvernement, et ont formé, à Paris seulement, une centaine de chambres syndicales.

*
* *

On avait pensé que ces associations ouvrières, en s'élevant vis-à-vis des associations de patrons, viendraient compléter ces dernières et rendraient plus facile l'entente souhaitée. Mais la pratique est venue montrer le vice de ce système.

Un jour, un Anglais nous écrivit que nous avions peut-être raison, à Paris, de laisser les patrons d'un côté et les ouvriers de l'autre ; mais qu'on mêlait à Londres les deux éléments, en appelant dans les chambres syndicales des patrons et des ouvriers. Et l'insulaire nous citait certaine association qui venait de s'organiser de cette manière.

Il est assurément fort étrange de voir des gens chercher à se rapprocher en s'étudiant à mieux s'éloigner. Si les patrons forment un camp, et les ouvriers un autre camp, en vain patrons et ouvriers protesteront-ils de leur esprit d'harmonie, d'union et de concorde : la guerre naîtra fatalement d'un état de choses suscité pour la lutte.

L'exemple de Nottingham nous prouve qu'on n'évite les froissements d'amour-propre qu'en supprimant les barrières qui séparent le capital du travail.

L'organisation des chambres syndicales peut amener les conflits qu'elle a pour but de prévenir.

Mais il faut en tirer parti.

Pour jeter les bases d'un contrat qu'on exécute loyalement et sans arrière-pensée, il faut discuter sans aigreur et sans parti pris, avec la seule intention d'éclairer et de s'éclairer, sur les intérêts communs qu'on a pour mission de sauvegarder ; mais, pour éviter de faire appel aux passions irritantes, il faut avoir l'habitude des discussions calmes, patientes et sensées.

Les industriels et les chefs de maisons sauront toujours plaider leur cause avec clarté et netteté, quand même ils ne viendraient pas des chambres syndicales.

Les travailleurs, naturellement portés à exagérer et à s'exagérer, auront acquis, au contact des délégations, un peu de cet esprit pratique dont ils manquent si souvent. En s'unissant entre eux, ils ont fait disparaître leurs aspérités et sont devenus plus abordables et plus sociables.

C'est donc aux travailleurs et aux patrons déjà groupés qu'il faut demander, avec espoir de l'obtenir, un gage de rapprochement ; et c'est dans les chambres syndicales qu'il faut aller chercher les membres des conseils de conciliation.

XVIII

Du congrès.

Toutes les fois qu'on groupe des intérêts qui s'unissent et s'harmonisent pour atteindre un but commun, on sent la nécessité d'établir, à côté du pouvoir qui dirige, un pouvoir qui contrôle.

Aussi avons-nous, au-dessus du conseil général, le congrès.

Par la force des choses, le congrès devient le législatif. Il est prépondérant et impose à l'exécutif, c'est-à-dire au conseil général, ses idées et ses aspirations accusées par des résolutions motivées.

*
* *

L'article 11 des statuts porte : « Le congrès annuel sera composé, pour chaque pays, de cinquante délégués des sections et des groupes. »

Pour que l'assemblée soit la représentation fidèle et actuelle des patrons affiliés à l'association, il est indispensable que les délégués des sections et des groupes soient élus directement. Pour faciliter le vote, on pourra diviser par régions les groupes et les sections d'un pays.

Le congrès, en se séparant, fixera le jour et le lieu de sa prochaine réunion.

Pour la première fois, ce lieu et ce jour seront déterminés par le conseil général.

Le congrès nommera son président, son vice-président, et constituera son bureau.

*
* *

L'assemblée aura le droit de contrôler et de prendre des décisions.

Son rôle sera double.

Le contrôle s'exercera sur le rapport, présenté par le conseil général, des travaux de l'année.

Dans la discussion qui s'ouvrira à ce sujet, on aura soin de rechercher s'il ressort clairement des pièces fournies par le conseil général, que le but de conciliation, affirmé par les statuts de l'association, a été constamment proclamé et poursuivi.

Les travailleurs sont parfois soupçonneux.

S'ils pouvaient se figurer, d'après un acte du conseil général, que l'*Internationale des patrons* a pour mission de combattre les salariés et de leur imposer la loi du silence, il faudrait que le congrès, en désavouant publiquement cet acte imprudent, vînt rassurer le travail que les menaces irritent et portent parfois aux excès.

★
★ ★

Après le vote sur le rapport du conseil général, le congrès, en formulant des vœux ou en prenant des décisions, exercera son droit d'initiative, qui constitue la seconde partie de son programme.

L'assemblée des patrons sera plus prudente et plus sage que ne l'ont été les différents congrès ouvriers. On restera sur le terrain pratique. On s'occupera des rapports du travail avec le capital. On s'efforcera de rendre ces rapports plus faciles et plus francs.

Lorsque le congrès de Genève du 3 septembre 1866 ouvre la discussion sur la *réduction des heures de travail*, il remplit le mandat qu'il s'est donné d'améliorer la position des travailleurs; mais il outrepasse ses droits lorsqu'il déclare la guerre au capital et qu'il tente d'organiser la lutte.

D'ailleurs, la plupart des questions mises à l'ordre du jour par les congrès ouvriers, montrent surabondamment que le but de l'*Internationale des travailleurs* est de constituer une société fantaisiste où la liberté d'un citoyen n'aurait pas du tout pour limite la liberté d'un autre citoyen.

C'est la victoire qui doit ouvrir cette ère nouvelle. On se prépare au combat.

Voyez plutôt, en passant en revue les questions suivantes :

Congrès de Genève.

3 Septembre 1866.

« — Combinaisons d'efforts à organiser au moyen de « l'association dans les différentes luttes entre le capital « et le travail.

« — De la nécessité d'anéantir l'influence du despotisme « russe en Europe, par l'application du droit des peuples « de disposer d'eux-mêmes, et la reconstitution d'une « Pologne sur des bases démocratiques et sociales.

« — Des armées permanentes dans leurs rapports avec « la production.

« — Des idées religieuses et de leur influence sur le « mouvement social, politique et intellectuel. »

Congrès de Lausanne.

2 Septembre 1867.

« Quels sont les moyens pratiques de rendre l'Associa- « tion internationale un centre d'action pour la classe ou- « vrière dans la lutte qu'elle soutient pour s'affranchir du « capital? »

CONGRÈS DE BRUXELLES.

6 SEPTEMBRE 1868.

« — De la guerre. — Quelle devrait être l'attitude des
« travailleurs dans le cas d'une guerre avec les puissances
« européennes?

CONGRÈS DE BALE.

6 SEPTEMBRE 1869.

« — Propriété foncière. — Que la société a le droit d'a-
« bolir la propriété individuelle du sol et de faire rentrer
« le sol à la communauté. — Qu'il y a nécessité de faire
« entrer le sol à la propriété collective. — Du droit d'hé-
« ritage. Il doit être complétement et radicalement aboli.
« Le groupement des sociétés de résistance formera la
« Commune de l'avenir, et le gouvernement sera remplacé
« par les Conseils des corps et métiers. »

*
* *

Le congrès annuel des patrons, comprenant les
besoins des travailleurs beaucoup mieux que les
travailleurs ne les comprennent eux-mêmes, comptera franchement et loyalement avec une association qui entend jeter la société actuelle sur uu immense lit de Procuste.

Mais en traitant le travail beaucoup plus géné-
reusement que le travail ne traite le capital, les
patrons donneront l'exemple des discussions cal-

mes et sensées, où l'on se propose et où l'on ob-
tient des résultats immédiats.

En 1866, au congrès de Genève, on reprochait
aux *trade's-unions* de s'occuper beaucoup trop des
luttes prochaines, et de ne donner qu'une attention
distraite à l'émancipation de la classe ouvrière.

Les patrons, pour leur compte, justifieront ce
reproche.

En traitant les questions qui les intéressent directement, et qui, par suite, intéressent les travailleurs, ils apprendront à leurs adversaires, qui
seront bientôt leurs soutiens, à éviter les discussions oiseuses.

Alors, à propos des salaires et des heures de
travail, on ne verra plus des gens décréter, sans
rire, l'abolition de la propriété et la suppression de
l'hérédité.

*
* *

Si un congrès annuel des patrons est nécessaire
pour contrôler les actes du conseil général et tra-
cer à ce conseil la ligne qu'il doit suivre, il ne serait
peut-être pas inutile de faire précéder ce congrès,
dans chaque pays, d'une réunion préparatoire.

Par les soins du comité central, on pourrait réunir deux ou trois cents délégués des sections et des
groupes.

Ces délégués, en s'inspirant des besoins du capital et du travail, apporteraient aux membres futurs du congrès les véritables cahiers de la production.

*
* *

C'est par ces frottements répétés que les patrons arriveront à se faire une loi de l'activité.

Le jour où les patrons mettront à défendre leurs intérêts tout le zèle et tout le dévouement qu'apportent les travailleurs au service de leur cause, ce jour-là, un grand pas sera fait : le capital et le travail seront bien près de s'entendre.

XIX

Conseil général.

Après le congrès, qui se réunit une fois par an pour apprécier l'état de l'association et donner à la marche des affaires, si elle est hésitante, une impulsion salutaire, après le législatif, il y a l'exécutif.

C'est le conseil général.

L'art. 3 des statuts est ainsi conçu :

« Il sera établi un conseil général composé de patrons représentant les différentes nations faisant partie de l'association internationale. Ce conseil comprendra, par pays, trois membres élus pour un an. »

Comment se fera l'élection?

Les sections et les groupes enverront|au comité central une liste de candidats.

Ce sera l'expression de leurs vœux.

En nommant les trois délégués, le comité s'efforcera d'être l'interprète de la majorité des patrons qui auront nettement et librement accusé leurs choix.

L'élection aura lieu à la majorité absolue.

*
* *

L'art. 3 ajoute que les membres du conseil général éliront un président, un secrétaire général et un trésorier.

En outre, il y aura autant de correspondants qu'il y aura de pays faisant partie de l'association.

Dans l'association des patrons, spécialement organisée pour exciter et favoriser les initiatives particulières, des besoins nouveaux peuvent se produire ; pour que le conseil général y réponde, il faut que l'assemblée soit instruite du mouvement qui sollicite certaines sections ou certains groupes d'un pays.

De là, nécessité de communications constantes entre les sections et les groupes, et le correspondant du conseil général.

Mais toute une région pourrait formuler les mêmes plaintes et réclamer les mêmes innovations.

On peut alors généraliser.

Qui aura cette mission ?

Le comité central.

Il servira d'intermédiaire entre les sections, les groupes et le correspondant du conseil général.

Tous les trois mois, le comité enverra un rapport à son correspondant sur la situation morale et matérielle de l'association dans le pays.

Ce rapport sera rédigé sur les communications particulières des sections et des groupes et complétera, en les commentant, les rapports hebdomadaires.

Il sera publié.

*
* *

C'est en appréciant et en comparant les différents rapports des comités centraux que le conseil général pourra connaître sous son vrai jour la situation de l'Internationale.

Et lorsque, à la fin de l'année, il présentera lui-même un rapport au congrès, on sera certain de trouver dans son langage l'expression de la vérité qui s'impose.

*
* *

Outre leurs rapports hebdomadaires et trimestriels, les comités centraux adresseront au conseil général les communications intéressant l'association.

Toute communication d'un pays sera envoyée, avec la réponse du conseil, aux comités des autres pays faisant partie de l'Internationale, qui seront tenus de les faire publier.

On saisit immédiatement l'importance de cette publication.

Si, par exemple, les ouvriers et les patrons de Birmingham chargent des délégués de ratifier, par un contrat rendu public, l'union qui règne aujourd'hui sur un coin de l'Angleterre entre le travail et le capital, il faut que les Français, les Allemands, les Russes, même les Américains, puissent connaître l'esprit et la lettre de la convention qui les intéresse.

A fortiori devra-t-on publier dans toutes les langues les différents rapports trimestriels soumis au conseil général.

Si l'idée d'association est parvenue à grouper en Russie des patrons qui, jusqu'ici, avaient résisté au courant, les affiliés français, anglais et allemands seront informés de cet événement heureux par la publication en France, en Angleterre et en Allemagne, du rapport du correspondant russe.

*
* *

Pour la première année, le conseil général, sié-

geant à Bruxelles, fixera le lieu de réunion du
congrès.

Le congrès, en se séparant, désignera le lieu
et le jour de sa prochaine réunion, et indiquera le
siége futur du conseil général.

Le conseil général fait exécuter les résolutions
du congrès. Il vide les différends qui peuvent s'é-
lever entre un comité central et les sections ou les
groupes, sauf appel au congrès.

D'après la nature et le but des communications
qui lui ont été faites, le conseil général peut formuler le programme des questions à discuter par
le congrès.

Ce programme sera publié un mois avant la
réunion de l'assemblée souveraine.

*
* *

Avant tout, les membres du conseil général seront les sentinelles vigilantes de l'association des
patrons.

Sans audace, comme sans fausse honte, ils suivront, pas à pas, les progrès de l'Internationale,
rechercheront les causes des temps d'arrêt, et, au
besoin, pour prévenir un mouvement de recul, pro-
voqueront un soubresaut.

En montrant que les grèves diminuent à mesure
que le chiffre des adhésions augmente, ils parvien-

dront à rassurer les patrons timides et routiniers; mais là ne pourra se borner leur rôle. Quand on a des intentions droites et qu'on se propose un but avouable, on ne craint pas les fausses interprétations. Toutefois, on ne doit jamais dédaigner de répondre aux attaques déloyales.

Qui vous dit que, dans un mois ou deux, un démoxos attardé ne viendra pas affirmer, devant des hommes faits pour le croire, que nous cachons notre perfidie sous les dehors de la franchise, et que nous cherchons sournoisement et résolûment à opprimer le travail en prodiguant aux travailleurs des protestations d'amitié ?

Si un tel résultat se produit dans un pays, il faut que le conseil général, par des manifestes traduits dans toutes les langues, rappelle à ceux qui prétendent l'ignorer que les patrons se sont associés pour cimenter la paix, non pour allumer la guerre.

Avant de bâtir dans le *far-west*, il faut défricher la forêt séculaire : avant de faire triompher une idée, il faut élargir les esprits trop étroits pour la recevoir sans résistance.

Telle sera, en somme, la mission du conseil général.

*
* *

Il deviendra, par ses luttes contre la routine et

la déloyauté, la pierre angulaire de l'association.

Dès lors, nécessité de le composer d'hommes intelligents dont le courage et l'énergie puissent
grandir par les obstacles.

XX

Comité central.

En dehors du conseil général, qui représente
tous les pays, il faut, dans chaque pays, un certain nombre de patrons élus pour défendre et sauvegarder les intérêts des sections et des groupes.

Ces patrons, au nombre de 25, formeront le comité central.

Qui élira ce comité? Les sections et les groupes.
Comment voter? Chaque section et chaque groupe
pourra envoyer un nom au comité d'initiative. Les
25 élus seront les 25 patrons, qui de cette manière
auront obtenu le plus de voix. En cas de ballot-
tage, le comité d'initiative prononcera.

Il disparaîtra après la constitution du comité central.

*
* *

Le comité central aura des devoirs multiples. Il étudiera les questions économiques dont la solution intéresse patrons et ouvriers. Ainsi, il se demandera si les salaires, sur un point ou sur un autre, sont assez élevés eu égard aux conditions de la vie dans telle ou telle localité. Supposons qu'un ouvrier de Lyon, pour nourrir sa femme, un enfant, se nourrir lui-même, se loger et se vêtir, ait besoin de 4 fr. par jour. Si cet ouvrier ne gagne que 3 francs 50 centimes, il ne peut faire face à ses engagements, et il a le droit de réclamer une augmentation de salaire [1].

Assurément, le comité central ne lui dira pas de se mettre en grève; mais, si une grève éclate à Lyon, voici comment les choses vont se passer.

---

1. M. Mundella dans sa réponse à sir W. G. Armstrong, publiée par le *Daily-News*, écrit ce qui suit :

« .... Les salaires subissent nécessairement l'influence de diverses considérations locales. Le prix de la nourriture, le taux ordinaire des salaires dans d'autres emplois, la nature du travail exécuté, la qualité de l'outillage dont on se sert, et beaucoup d'autres circonstances, particulières à la localité et à l'industrie, sont à considérer lorsqu'on les établit. Aussi, je crains qu'il ne soit impossible de fixer, par un arbitrage national, un tarif équitable de salaires qui soit le même pour Londres et Aberdeen, pour Newcastle et Woterford. »

Le patron chez lequel on aura suspendu les travaux, informera de ce fait la section dont il est membre.

La section, dans un rapport au comité central, décidera si la résistance du patron est ou n'est pas légitime. Le comité central, sur ses propres informations, dira si le capital peut, sans danger, satisfaire aux exigences du travail.

S'il est reconnu que l'industriel, le négociant, ou le commerçant, en acceptant la lutte, n'a voulu que sauvegarder ses intérêts compromis, le patron recevra, après la grève, une indemnité égale au bénéfice qu'il aurait pu réaliser dans l'espace de temps qu'aura duré le chômage.

Si, au contraire, le comité central pense que les ouvriers ont le droit d'exiger ce qu'ils réclament, le patron sera abandonné à lui-même et subira toutes les pertes que pourra lui occasionner la cessation des travaux.

*
* *

On le voit, si le comité central peut mettre un frein aux prétentions injustes des travailleurs, il peut, d'un autre côté, briser l'obstination d'un patron routinier. Ce sera là son rôle.

S'il sait s'inspirer d'un véritable esprit d'équité, il contribuera puissamment à prévenir ces luttes

insensées qui tarissent la production et deviennent
la source de bien des maux.

Grâce aux conseils de conciliation, les grèves
n'auront plus de raison d'être. Si, cependant, il en
éclate encore quelques-unes, le comité central deviendra le tribunal, où les travailleurs non moins
que les patrons, seront certains de trouver bonne
et prompte justice.

Il serait certes à désirer que ce tribunal, appelé
à juger des patrons et des ouvriers, fût composé de
chacun des deux éléments en présence ; mais c'est
précisément dans le but de supprimer la distance
qui sépare le travail du capital que nous organisons l'Internationale des patrons.

*
* *

Le comité central aura encore pour mission de
faire, dans chaque pays, une propagande active et
intelligente. Il montrera aux patrons indifférents,
peut-être sceptiques, le but élevé de l'association,
s'efforcera de faire pénétrer ses principes partout
où se trouvent en présence ceux qui font travailler
et ceux qui travaillent, les salariants et les salariés.

Par ses soins, une section qui voudra se fonder
sur un point quelconque du territoire recevra tous
les documents et tous les renseignements capables
d'éclairer les nouveaux affiliés sur l'esprit qui

doit les animer pour concourir utilement à l'œuvre de conciliation et d'apaisement que nous ne craignons pas d'entreprendre.

Mais pour que la propagande soit active, intelligente et utile, le comité central désignera un certain nombre de délégués qui porteront dans les départements une conviction sincère encouragée et servie par une grande énergie.

Ces délégués seront porteurs d'une commission ainsi conçue :

Association internationale des patrons.

« Comité central de

« Le Comité central, dans sa séance de
    a voté la résolution suivante :

« M..., demeurant à   est nommé délégué du Comité. Il peut, en conséquence, recueillir les adhésions particulières ou collectives à l'association, et toucher le montant des cotisations. Il est autorisé à faire tout ce qu'il croira utile et nécessaire dans l'intérêt de l'association qu'il a pour mission de propager.

« Au nom du Comité central,

« Le secrétaire. »

⁂

Outre son rapport trimestriel, le comité central enverra au conseil général un rapport hebdomadaire que rendront superflu des communications quotidiennes sur les faits et gestes des sections et des groupes. Pour bien saisir, à un moment donné, le mouvement de l'association dans un pays, il faut avoir suivi tous les progrès de l'Internationale dans ce pays. C'est dans ce but qu'on obligera le comité central à émettre son avis, au moins une fois par semaine, sur la situation des sections et des groupes. Le conseil général aura ainsi la certitude de recevoir, au bout de trois mois, un rapport fidèle et complet des travaux accomplis dans la période qui vient de s'écouler.

*
* *

Le comité central fera nommer les délégués au congrès, et nommera les membres du conseil général sur la liste des candidats qui lui aura été envoyée par les sections et les groupes.

Il sera encore chargé de faire exécuter les statuts de l'association et les décisions du congrès ou du conseil général.

Pour soutenir et faire prospérer l'association, il faudra que les affiliés payent une cotisation.

Mais cette cotisation sera-t-elle fixe ou proportionnelle?

L'industriel qui occupe cinq cents ouvriers versera-t-il juste autant que le commerçant qui a vingt employés? Et si la taxe est proportionnelle, comment sera fixée la proportion? Payera-t-on d'après le chiffre d'affaires? En ce cas, acceptera-t-on l'affirmation du patron ou compulsera-t-on ses livres?

Le comité central se prononcera, après avoir reçu les avis des sections et des groupes. Il enverra au conseil général sa résolution motivée.

Le conseil général, éclairé par les comités centraux, prendra à son tour une décision qui sera soumise au congrès.

En attendant que le congrès prononce en dernier ressort, on pourra établir une cotisation que tout affilié à l'Internationale payera mensuellement et d'avance.

*
* *

On le voit, le comité central ne sera pas précisément une sinécure.

Mais on n'atteint pas un grand but sans accepter d'avance la peine et le sacrifice. Unir le capital et le travail contre les non-valeurs, c'est fermer l'ère des insurrections, et c'est assurer à ce pays et à tous les pays une sécurité complète.

Nous y parviendrons, si ceux qui promettent de nous seconder au comité central, au conseil général et au congrès, possèdent le courage, la persévérance et la confiance qui nous animent et nous soutiennent.

XXI

Des sections et des groupes.

Nous arrivons au groupement primitif. Prenez une localité quelconque. Les industriels, les négociants et les commerçants qui l'habitent se réunissent pour défendre et sauvegarder leurs intérêts communs. La section est née. Si elle renferme moins de cinquante membres, elle se joindra à une section voisine et constituera un groupe.

Pour que tout s'harmonise dans l'ensemble et que l'unité naisse de la diversité, les membres d'une section ou d'un groupe pourront, s'ils le veulent, se subdiviser en genres d'industrie ou de commerce. Par exemple, les maîtres de forges de Saint-Dizier formeront entre eux un petit comité qui aura son président et son secrétaire. Le prési-

dent sera spécialement chargé de soumettre à la
section les résolutions prises.

* *
*

La subdivision des sections exigera celle du comité central. Il ne faudra pas cependant aller trop
loin. Si un membre du comité central représente
les maîtres de forges de France, et un autre les
teinturiers, on aura soin, pour ne pas corriger
l'abus de la décentralisation par l'abus de la fédération, de fusionner les industries et les commerces similaires.

Au moyen de cette organisation, on pourra connaître en quelques jours la situation exacte d'une
industrie ou d'un commerce en France et à l'é-
tranger.

Supposons qu'il s'agisse de la construction. Le
conseil général fait appel aux comités centraux de
l'association ; et, dans chaque comité central, le
membre délégué à la construction s'adresse aux
groupes, qui mettent en demeure les comités spéciaux. Sur les nombreuses communications qu'il
reçoit, le comité central généralise les vœux et les
besoins, et indique le degré de prospérité de l'industrie qu'il a été chargé d'étudier.

Cette synthèse s'est répétée dans les autres pays.

Le conseil général est parfaitement éclairé par
les rapports des comités centraux ; et lorsque, de

ces rapports, il formule une opinion touchant
l'avenir de la construction en Europe et en Amérique, on peut ajouter foi dans ses déductious.

* *
* *

Toute section a un président, un vice-président
et un secrétaire nommés pour un an.

Les élections se font à la majorité absolue ꭰes
membres inscrits.

Un membre est désigné pour correspondre di
rectement avec le comité central.

Les sections et les groupes adressent tous les
mois au comité central le montant intégral des
cotisations de leurs membres, et prélèvent, s'il y
a lieu, pour se couvrir de certains frais, des taxes
additionnelles.

Elles nomment, de la manière indiquée précé-
demment, les membres du comité central, les
membres du conseil général, et les délégués au
congrès.

Dans ce dernier cas, nous avons pensé qu'il serait utile de diviser les groupes et les sections
d'un pays par régions ou, plutôt, par bassins.

La pratique dira si cette ébauche de fédération
devra être maintenue après l'élection. En fait de
commerce et d'industrie, les intérêts du nord ne
sont pas toujours ceux du sud, ni les intérêts de
l'est ceux de l'ouest. On se demandera si certains

voisinages ne placent pas des industriels et des commerçants dans une situation particulière. Des sections pourront s'unir et n'avoir qu'un seul représentant pour correspondre avec le comité central. Mais le comité pourra toujours, lorsqu'il le jugera convenable, s'adresser directement à chacune des sections fédérées.

*
* *

Chaque section aura le droit de se donner le règlement, même les statuts qui lui paraîtront les plus conformes à l'esprit de la localité. Toutefois, ce règlement ou ces statuts ne seront exécutoires que s'ils restent conformes aux statuts et aux règlements généraux de l'association.

Toute section qui se forme envoie son adhésion au comité d'initiative, ou, s'il est constitué, au comité central.

Le différend entre deux ou un plus grand nombre de sections est vidé par le comité central, sauf appel au conseil général.

*
* *

Toute la force de l'association résidera dans la section. C'est là, en effet, que doivent fatalement se produire les premiers symptômes d'un rapprochement entre les patrons et les ouvriers.

Si, dans chaque section, les différentes industries et les commerces particuliers forment des comités spéciaux, on a, sans s'en douter, préparé la constitution des conseils de conciliation.

Supposons que les tisseurs de Lyon craignent de voir éclater une grève. S'ils sont dix, ils diront à leurs ouvriers de leur envoyer dix délégués, et une discussion s'engagera sur le taux du salaire et sur le nombre des heures de travail. On votera. En cas de partage, on donnera voix prépondérante à une tierce personne que l'on choisira d'un commun accord.

La grève sera évitée, et les patrons retiendront auprès d'eux les ouvriers qu'ils n'avaient appelés que dans une circonstance critique. Alors les conseils de conciliation, en réunissant les patrons et les ouvriers de certaines industries, donneront aux membres de la section du capital et à ceux de la section du travail, l'idée d'une fusion.

Nous savons bien que le signal d'une entente cordiale et sympathique peut venir des deux conseils généraux des patrons et des ouvriers ; mais l'harmonie, gage d'un meilleur avenir, se produira peut-être plus vite dans les sections.

* *
*

En haut, une discussion honnête et courtoise fera disparaître bien des préventions et bien des idées fausses ; mais, en haut, les délégués des tra-

vailleurs se berceront peut-être encore de trom-
peuses illusions lorsque leurs mandataires auront
déjà vu, en bas, la nouvelle situation sous son vrai
jour.

Les grèves sont devenues impossibles.

Comment des ouvriers pourraient-ils encore
suspendre leurs travaux lorsqu'ils savent que le
patron qu'ils veulent atteindre sera soutenu et en-
couragé par des milliers de patrons? Nous pré-
voyons, bien entendu, le cas où la résistance de
l'industriel ou du négociant est légitime. Si elle ne
l'était pas, nous sommes persuadé que la section
et le comité central sauraient abandonner à lui-
même, en l'expulsant de l'association, l'homme
qui n'admettrait pas et pratiquerait encore moins
la solidarité.

Une telle éventualité se présentera rarement.

On peut donc dire, en principe, que les nouvelles conditions de la lutte empêcheront toute espèce de conflit d'éclater.

Mais, s'il n'y a plus de grèves, on sentira le besoin de rendre effective une entente née de la seule
force des choses.

Et les congrès de patrons et d'ouvriers, en té-
moignant des résultats obtenus, ne feront que
constater les progrès d'un mouvement pacifique
inauguré au sein des sections et des groupes.

XXII

Moyens d'action.

Fulton, à bord du premier bateau à vapeur, n'eût pas accompli, sur la Seine, le voyage qu'il fit sur l'Hudson.

En France, toute idée nouvelle provoque le rire, signe précurseur de la méfiance. Nous ignorons si le public ne va pas nous juger digne d'entrer à Charenton, section des monomanes. Chez ce peuple léger, insouciant et blagueur, il est souvent imprudent de tirer du sommeil les paralytiques endormis.

Qu'importe, après tout, qu'on nous raille ? Si notre zèle inquiet reste impuissant dans la patrie, peut-être serons-nous compris à l'étranger. Notre

succès, en ce cas, ne pourra jamais adoucir l'amertume de nos regrets.

* *
*

Mais chassons ces noirs pressentiments.

Il est aujourd'hui assez d'hommes d'initiative en
France pour faire triompher une idée juste et
bonne. Il faut toutefois que les patrons intelligents
s'empressent de se joindre à nous. Seul, nous le re-
pétons ici, nous ne pouvons rien.

Chaque membre du comité d'initiative aura pour
mission d'exercer, dans son milieu, une active
propagande. Il montrera les avantages de l'association, les dangers de l'indifférence, et provoquera
aussi souvent que possible des réunions qui auront pour but d'éclairer les nouveaux venus.

Au début, le comité d'initiative devra borner son
rôle à constituer la section de Paris qui pourra se
diviser en sous-sections. Il y appliquera tous ses
soins et toute son activité.

Ce résultat obtenu, des membres de la section
de Paris seront chargés de parcourir la province
pour montrer aux centres industriels et commerçants l'utilité et la nécessité de l'*Internationale des
patrons.*

Si des grèves sont sur le point d'éclater, on les
préviendra en offrant aux patrons menacés les
bons offices et les secours de l'association.

Lorsque les ouvriers d'un affilié suspendront leurs travaux, un membre du comité de Paris se transportera immédiatement sur les lieux et fera nommer un conseil d'arbitrage composé de patrons et d'ouvriers. Si l'on ne peut s'entendre, on portera le débat devant le comité, qui décidera si le patron doit résister ou céder.

*
* *

Tout affilié à l'*Internationale des patrons* recevra la copie du projet de statuts, à laquelle sera jointe une carte ainsi conçue :

« *Association internationale des patrons.*

« M.   a été admis comme membre de l'association, le

« Paris, le   »

Suivront les signatures des membres du comité d'initiative.

Plus bas sera écrit :

« Je soussigné, après avoir pris connaissance du projet de statuts ci-dessus, déclare adhérer aux principes qui s'y trouvent exposés. Je m'engage à remplir les devoirs que m'imposent ces principes et à user de toute mon influence pour propager en France et à l'étranger l'*Internationale des patrons.*

« Le

« (*Signature de l'adhérent*). »

Mais l'intelligence et l'énergie des initiateurs seraient, parfois, dépensées en pure perte, si les propagateurs n'avaient pas, pour les soutenir et les encourager, cette puissance qu'on nomme le journal.

Les travailleurs ont si bien reconnu l'influence d'un organe, qu'ils fondent dès 1840, l'*Imprimerie* et l'*Atelier*.

Aujourd'hui, les journaux de l'*Internationale des travailleurs* sont nombreux, et on a pu écrire :

« Au moment où les principes du socialisme cherchent à se propager sur le continent, malgré la terrible leçon que vient de recevoir Paris, il n'est pas inutile de connaître les organes accrédités de ce parti.

« En ce qui concerne la France, il est difficile de donner une liste exacte des journaux socialistes, parce que tout organe qui affiche de pareilles tendances est tué tôt ou tard par les poursuites de la justice.

« On peut aujourd'hui estimer à vingt-six le nombre des journaux socialistes qui se publient régulièrement dans les divers pays de l'Europe.

« La Belgique a sept organes qui sont : *La Liberté* et *L'Internationale*, à Bruxelles ; *De Werker*, à Anvers ; *Le Mirabeau* à Verviers ; *Le Droit*, à Lodelinsart, près de Charleroi ; *Le Réveil*, à Seraing ; *La voix des Écoles*, journal des étudiants à Bruxelles.

« Trois se publient en Hollande : *Le Werkman*, à Amsterdam ; *Le Toekomst* et *Le Vrijheid*, à La Haye.

« Un dans le nord de l'Allemagne : *Der Wulkstaat*, à Leipsig.

« Un dans le sud de l'Allemagne : *Der Proletarier*, à Munich.

« Un en Autriche : *Der Volkville*, à Vienne.

« Un en Hongrie : *Die arbiter zeitung*, à Pesth.

« La Suisse compte quatre organes socialistes : *Die Tagwacht*, à Zurich ; *Der Vorbote* et *L'Égalité*, à Genève ; *La Solidarité*, à Neuchâtel.

« Le journal socialiste *La Fédération* se publie à Barcelone, Espagne. »

L'Internationale des patrons aura, elle aussi, sa feuille périodique où chaque jour seront insérés les bulletins de l'association.

Les victoires ne feront que nous révéler de nouvelles difficultés à vaincre : les défaites n'ébranleront pas notre courage.

A l'origine d'un mouvement comme celui que nous allons produire, il faut modérer les ardeurs irréfléchies et calmer les fausses alarmes.

Comment y arriver si l'on n'a pas à sa disposition ce moteur des temps modernes, qui meurt presque en naissant et laisse pourtant après lui des éléments de vie ?

Si l'association des patrons est le but, le moyen, qui résume tous les autres moyens, c'est le journal.

La presse qui remue des immondices est impuissante à fonder, certes ; mais celle qui agite des idées est toujours capable d'exciter dans les esprits autre chose qu'une vaine curiosité.

Le journal que nous allons créer sera une tribune où tout patron désireux de parler pourra se faire entendre.

Sans aigreur, sans malice, avec la seule intention d'instruire et de nous instruire nous-même, nous accueillerons toutes les propositions honnêtes.

Il se dégagera de cette discussion un ensemble rationnel; du choc des idées jaillira la lumière.

XXIII

Dans 20 aus.

Les enfants seront des hommes, et une troisième insurrection, plus formidable que celle du 18 mars, qui fut elle-même plus terrible que celle de juin, aura éclaté . . . .
. . . .
à moins que, dès aujourd'hui, on ne s'empresse de combler l'abîme béant et profond qui sépare le capital du travail.

Si, en 1848, un homme se fût rencontré assez courageux pour dire aux vainqueurs de tendre aux vaincus une main loyale, et pour montrer dans l'avenir le mépris de la bourgeoisie portant le peuple à de nouveaux excès, eût-on écouté ce sage conseiller ?

Sans honte, comme sans faiblesse, nous jetons, en 1871, le cri d'alarme.

Hélas! notre voix sera-t-elle assez puissante pour dominer les bruits du jour et se faire entendre ?

* *
* *

La bourgeoisie traverse une période critique.

Sera-t-elle encore demain aux affaires? demain, le peuple fera-t-il la loi?

That's the question.

S'il y a lutte, on peut prévoir d'avance le triomphe des travailleurs. C'est que le peuple est une corporation.

La bourgeoisie, au contraire, est une classe.

La classe a pour principe l'intérêt de l'individu; la corporation, l'intérêt de la collectivité.

Supposons les hostilités ouvertes. La corporation se rue, en colonne serrée, sur la classe déployée en tirailleurs.

D'un côté on dit : chacun pour soi; de l'autre : chacun pour tous.

Qui l'emportera? Le peuple.

C'est que la force qui le pousse est une force de cohésion. Elle paralyse, puis écrase les résistances,

que l'égoïsme et la crainte du sacrifice ont dissémi-
nées et affaiblies.

* *

Quand on a en perspective la défaite, il faut éviter la lutte.

Or, on n'affermit la paix qu'en se préparant à la
guerre.

Si vis pacem, para bellum.

Mais la bourgeoisie ne deviendra, par l'organisation, une puissance nouvelle, que pour apprendre
à rejeter et à condamner les fausses théories qui
l'ont guidée jusqu'ici.

Il arrive toujours une heure, dans l'histoire d'une
nation, où une classe prépondérante et heureuse
se laisse aller à cet état d'immobilité qui est le gage
de la sagesse, quand il n'est pas le signe de l'imprévoyance.

La bourgeoisie d'aujourd'hui, brillante, intelligente, a pour mot d'ordre l'inertie.

Elle ne pardonne pas aux éclaireurs de vouloir
parfois marcher en avant.

Les rancunes politiques accusent des instincts de
tyrannie qui naissent et se développent à mesure
que s'étiolent et se perdent les facultés de l'âge
viril.

Se faire une loi du repos, c'est condamner le mouvement.

C'est abdiquer.

*
* *

On n'éloigne pas le danger parce qu'on refuse de l'affronter.

Si le tiers-état n'accomplit pas une de ces transformations qui prolongent la vie en la fortifiant, le quatrième état, un beau jour, saisira le pouvoir.

Aujourd'hui, le progrès n'est plus en haut; c'est en bas qu'il se manifeste.

Les idées neuves viennent du peuple.

*
* *

La bourgeoisie, c'est une civilisation qui disparaît : c'est le présent qui s'effondre.

Si elle refuse de se mêler au peuple pour préparer avec lui l'avenir, cette classe, en croyant déchoir, causera sa propre déchéance, et demain la bourgeoisie sera le passé.

On recevra les adhésions et les communications, rue Richelieu, 61, où sont provisoirement centralisés tous les travaux d'organisation.

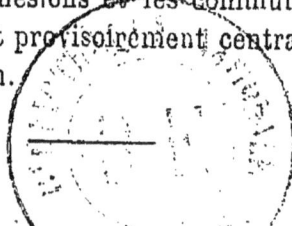

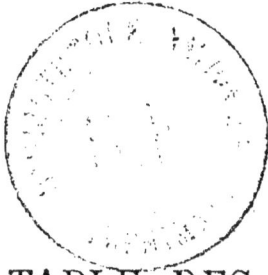

TABLE DES MATIÈRES.

		Pages
DÉDICACE		5
AU LECTEUR		7
I.	Projet de statuts	15
II.	Que voulons-nous ?	28
III.	Raison d'être de l'Internationale des travailleurs et de l'Internationale des patrons	35
IV.	Le mouvement social sous la monarchie de Juillet.	41
V.	Le mouvement social de 48 à 1862	49
VI.	Esprit de l'association des travailleurs à ses débuts	57
VII.	Doctrines et tendances de l'Internationale des travailleurs	63
VIII.	Doctrines et tendances, suite	70
IX.	Nouveau programme des travailleurs	77
X.	Qu'ont fait les patrons depuis 1832 ? Rien	87
XI.	L'Internationale des travailleurs existe ! Il faut l'accepter	97
XII.	Danger des poursuites	105
XIII.	Patrons et ouvriers forcément associés	118
XIV.	Loi économique du travail et du capital	124
XV.	Grèves locales et générales	130

		Pages
XVI.	Conseils de conciliation	137
XVII.	Chambres syndicales	144
XVIII.	Du congrès	150
XIX.	Conseil général	157
XX.	Comité central	164
XXI.	Des sections et des groupes	171
XXII.	Moyens d'action	177
XXIII.	Dans 20 ans!	183

FIN DE LA TABLE DES MATIÈRES

11991. — Typographie Lahure, rue de Fleurus, 9, à Paris.

CATALOGUE DE LA LIBRAIRIE

ARMAND LE CHEVALIER

PARIS, RUE DE RICHELIEU, 61

GRAND ET NOUVEL

ATLAS UNIVERSEL

PHYSIQUE, HISTORIQUE ET POLITIQUE

DE GÉOGRAPHIE ANCIENNE ET MODERNE

Composé et dressé par M. **M. H. DUFOUR**, revu et augmenté par
MM. E. CORTAMBERT et **VUILLEMIN**

GRAVÉ SUR ACIER PAR CH. DYONNET père

Graveur du Dépót de la marine
et de l'Atlas de l'Histoire du Consulat et de l'Empire, de M. THIERS
Comprenant 40 cartes d'une superficie gravée de 0^m,77 sur 0^m,55

ÉDITION DE LUXE

L'ATLAS COMPLET

composé de **40 Cartes** coloriées, montées sur onglets
et reliées, dos et coins maroquin : **135 francs.**
Avec le volume de Notices format in-4, relié à part : **140** francs

---

ÉDITION USUELLE DU MÊME ATLAS

Les 40 cartes tirées sur les mêmes aciers, coloriées à plat
avec demi-reliure veau, sans notices, **55** francs au lieu de **140.**

HISTOIRE DE LA RÉVOLUTION DE 1848

Par DANIEL STERN

Illustrée de gravures sur bois d'après les dessins de MM. DE NEUVILLE,
GERLIER, LIX, CREPON, Gustave JANET, E. LORSAY, etc.

Un volume grand in-8°, broché, **7** fr. **50** c.

Mémoires d'exil (Nouvelle série). L'amnistie. — Suisse orientale. — Bords du Léman, par Mme Edgard QUINET. 1 volume in-8... 3 50
Paris en Décembre 1851, *étude historique sur le coup d'État*, par M. Eugène TÉNOT. 1 volume in-8.......... 6 »
LE MÊME, édition populaire. 1 volume in-18............ 1 50
La Province en Décembre 1851, *étude historique sur le coup d'État*, par M. Eugène TÉNOT. 1 volume in-8..... 6 »
LE MÊME, édition populaire. 1 volume in-18............ 1 50

Suspects (les) en 1858, *étude historique sur l'application de la loi de sûreté générale :* emprisonnements, transportations, par MM. Eugène TÉNOT et Antonin DUBOST, avocat. 1 volume in-8.. 6 »

LE MÊME, édition populaire. 1 volume in-18............. 1 50

Le Deux Décembre (1851), ses causes et ses suites, par M. Pierre LEFRANC, représentant. 1 volume in-18...... 2 50

Proscrits (les) français en Belgique, *ou la Belgique contemporaine*, par Amédée SAINT-FERRÉOL, représentant du peuple. 2 volumes in-18........................... 5 »

Souscription Baudin (affaire de la), plaidoiries de MM. J. FAVRE et GAMBETTA Brochure in-8............... 1 50

Souscription Baudin (affaire de la), plaidoiries de MM. DUFAURE et WEISS. Br. in-8, » 75 c.; par la poste. » 85

Histoire de la campagne de 1815. — *Waterloo*, par le lieutenant-colonel CHARRAS. 6e édition, 1re édition publiée en France. 2 volumes grand in-8 vélin avec un atlas...... 15 »

Histoire de la guerre de 1813 *en Allemagne*, par le lieutenant-colonel CHARRAS. — Derniers jours de la retraite de Russie. — Insurrection de l'Allemagne. — Armements. — Diplomatie. — Entrée en campagne. 2e édition, 1re édition publiée en France. 1 très-fort volume grand in-8, avec cartes spéciales.. 7 50

Campagne de Russie (1812-1813), par M. Alfred ASSOLANT, édition primitive. 1 volume in-18.............. 2 »

Défense (la) de Belfort, écrite sous le contrôle du colonel DENFERT, par MM. THIERS et DE LA LAURENCIE. 1 volume in-8, avec cartes................................... 7 50

Armée (l') et la Révolution. — La Paix et la Guerre. — L'enrôlement volontaire. — La levée en masse. — La Conscription, par M. Ch.-L. CHASSIN. 1 vol. in-18. 3 50

Guerre (la), l'organisation de l'Armée et l'Équité, par M. D'ESCAYRAC DE LAUTURE. 1re partie : Causes et effets de la guerre ; 2e partie : Situation actuelle de l'Europe ; 3e partie : Organisation de la force publique ; 4e partie : Le second empire. 1 volume in-8............................. 3 »

France (la) libre et armée, par M. le comte DE GARDANE. Brochure in-18, » 50 c.; par la poste............. » 60

Loi militaire (la) de 1868, *expliquée par demandes et par réponses.* **(Catéchisme des familles)**, par MM. ISAMBERT et COFFINHAL-LAPRADE. 12e édition. Brochure in-32, » 40 c.; par la poste.. » 50

Opinion d'un Électeur sur la loi militaire de 1868, par M. le comte DE GARDANE. Brochure in-8, » 50 c.; par la poste... » 60

Essai sur une nouvelle organisation de l'armée. Brochure in-12, » 50 c.; par la poste................. » 60

Impôt (l') militaire : Sang, Argent, Travail, et **l'Organisation démocratique de l'Armée française**, par M. Paul COTTIN. Brochure in-8................. 2 »

Soldat (le) : *Salaire, Service proportionnel*, par M. le comte DE GARDANE. Brochure in-8, » 25 c.; par la poste........ » 35

Les Soldats citoyens : Latour d'Auvergne, par GARCIN. Brochure in-18... » 60

Réorganisation de l'armée, par GRENIER. 1 feuille in-8 ; par la poste...................................... » 15

Esquisse d'une nouvelle organisation de l'armée, par un capitaine d'artillerie. Brochure in-8............... 1 25

Projet de réorganisation de l'armée en armée nationale composée de 4,000,000 d'hommes, par E. FARCY, lieutenant de vaisseau, député de la Seine. 1 broch. in-8. 2 »

Campagnes électorales (les) de 1851 à 1869, par M. Jean ALBIOT. 1 fort volume in-18............... 2 50

Guide pratique de l'Électeur, par M. Georges COULON, précédé d'une lettre de M. Jules FAVRE. 1 volume in-18. 1 »

Lettre électorale d'un maire de village à ses collègues, par M. E. ORDINAIRE. 4ᵉ éd. Br. in-18, 25 c.; par la poste.. » 35

Où nous mènent les candidats officiels, par M. Henri MERLIN. Feuille in-4, » 10 c.; par la poste........... » 15

Paysan (le) : ce qu'il est, — ce qu'il devrait être, *petite étude morale et politique*, par M. Ferdinand de LASTEYRIE. Volume in-18...................................... 1 »

Paysan (le), l'Impôt et le Suffrage universel, *ou Réflexions et entretiens d'un arrière-neveu de l'Homme aux quarante écus*, par M. STEENACKERS. 1 volume in-18....... 1 50

Réponse d'un électeur à la lettre d'un ancien constituant, par M. A. GAULIER. Brochure in-8............ 1 »

République (la) par la loi, par M. Louis MIE, avocat à Périgueux. Brochure in-18, » 60 c.; par la poste......... » 70

Réveil (le) d'un grand Peuple, par M. Edgar QUINET. Brochure in-18, » 15 c.; par la poste................. » 20

Révolution (la) par le suffrage universel, par M. Alphonse LECANU. 1 volume in-18.................... 2 »

Saint Ollivier, ministre et martyr. Brochure in-8, » 30 c.; par la poste................................... » 40

Vos Députés et leurs Votes, par M. Louis HERBETTE, avocat à la Cour de Paris. Brochure in-32, contenant le tableau des votes de tous les Députés. » 40 c.; par la poste....... » 50

Empire (l') parlementaire est-il possible? par Gustave CHAUDEY. Forte brochure in-8,................... 1 »

LE MÊME, en feuille. » 10 c.; par la poste.............. » 15

Révolution (la) de 1869, par F. ARNAUD (de l'Ariége), ancien représentant. 1 volume in-18.................... 1 50

Bon (le) plaisir de messieurs les fonctionnaires, par M. Henri MERLIN. Brochure in-8.................... 1 50

Députés (les) de la Seine. — Gambetta. — Thiers. — Bancel. — E. Picard. — Garnier-Pagès. — Jules Ferry. — Jules Favre. — Jules Simon. — Pelletan. *Portraits intimes*, par Fulbert DUMONTEIL. 1 volume in-18.................... 1 »

Nouvelle organisation de la ville de Paris, par VILLAUME. Brochure in-8, » 20 c.; par la poste......... » 25

Le Code social, Manuel du citoyen français, par A. MOREL. Brochure in-18, » 20 c.; par la poste................. » 25

Les Principes de 1789, *ou les Droits de l'homme et du citoyen*, par GOUDOUNÈCHE. In-18, » 15 c.; par la poste... » 25

Jacques Bonhomme, entretiens de politique primaire, par M. LISSAGARAY. 1 volume in-18.................. 1 50

Jean Claude (la politique de), par Jules CARRET. 1 volume in-18............................. 1 »

Discours de M. Gambetta, prononcé au Corps législatif dans
la séance du 5 avril 1870. Br. in-18, » 10 c.; p. la poste. » 15

Discours de M. Estancelin le 2 juillet 1870. Brochure in-18,
» 10 c.; par la poste .... » 15

Le Plébiscite, par ALCESTE. Brochure in-18, » 20 c.; par la
poste.. » 25

Bilan (le) de l'Empire, par M. HORN. 5e édition. Brochure
in-18, » 40 c.; par la poste........................ » 50

Budgets de l'État (progression comparée des) sous le
second Empire : 1853-1866, par M. Henri MERLIN. 1 volume
in-4... 7 50

Grands Travaux de Paris. — *Leur achèvement sans emprunt*, par A. HUGUET, architecte. Brochure in-18..... 1 50

Coopération (la) et la politique aux ouvriers, par M. P.
MALARDIER, ancien représentant du peuple. Brochure in-8,
» 50; c. par la poste............................ » 60

Question des loyers, par SAINT-GENET. Brochure in-8, » 20 c.;
par la poste.................................... » 25

Les milliards payés sans emprunt. Brochure in-8, »20 c.
par la poste.................................... » 25

Nouveau système financier, par P.-J. JACQUOT. Brochure
in-8, » 50 c.; par la poste........................ » 50

Bourgeois et Socialistes, par M. Justin DROMEL. Brochure
in-18.. 1 »

Démocratie (la) et M. Renan, Réponse à la préface des
Questions contemporaines, par M. Jules LABBÉ, ancien rédacteur de l'*Opinion nationale*. Brochure in-8........... 1 »

Éducation (l') du peuple, *discours prononcé à la Chambre
des communes d'Angleterre*, par lord MACAULAY, traduit par M. le
comte DE GARDANE. Broch. in-18, » 40 c.; par la poste. » 50

Instruction et Liberté, par Romuald DEJERNON. 1 volume
in-18.. 2 »

Manuel de morale et de politique, par M. GOUDOUNÈCHE.
Brochure in-18.................................. 1 »

Pamphlets d'un franc parleur, par M. Édouard SIEBECKER.
1 volume in-18.................................. 3 50

Politique pour tous, par Alcide DUSOLIER. Brochure in-18,
» 75 c.; par la poste............................ » 85

**Prisons (les) de France et le patronage des prison-
niers libérés**, par M. ROBIN. Brochure in-8......... 1 50

Questions de la vie (les), par M. PIROGOFF; traduit du russe.
Brochure in-8.................................. 1 »

Questions politiques et sociales, par M. Ernest HENDLÉ,
avocat à la cour de Paris. 1 volume in-8............ 3 »

Congrès de Bâle (rapport sur le), par G. MOLLIN. Brochure
in-18, » 75 c.; par la poste....................... » 85

Révolutions (les), caractères et maximes politiques,
par M. Pascal DUPRAT, ancien représentant. 1 vol. in-18. 3 50

Science de l'homme, 1re partie, tome Ier, 2e édition, par
M. Gustave FLOURENS. 1 volume in-18............... 3 »

République et Socialisme (Pratique), par P. MALARDIER,

ancien représentant du peuple à la Législative. Brochure in-18, » 50 c.; par la poste...................... » 60

Renseignements (les) de l'histoire — 1789-1869, par Antonin PROUST. 1 volume in-18................. 1 »

Précis d'Histoire contemporaine, par Victor PERDOUX. 1 fort volume in-18...................... 4 »

République (la) et la Liberté, par Paul LACOMBE. 1 volume in-18.......................... 1 »

Liberté, Égalité, Fraternité. Essais de politique légale, par Arthur HUBBARD, avoat à la cour de Paris, suivi de *Lettres d'un inculpé*, par le même. 1 volume in-18........ 2 »

Le nouveau Spectre rouge, par Robert LUZARCHE. 1 volume in-18........................ 1 »

Une campagne à la Marseillaise, par A. ARNOULT. 1 volume in-18........................ 1 50

Les crimes de la République dévoilés, par J. PRAT. Brochure in-18, » 15 c.; par la poste.... .... » 30

Sadowa (*les Prussiens en campagne*), détails historiques et anecdotiques sur la guerre de 1866, par M. Paul DE KATOW. 1 volume in-18.......................... 2 »

Centenaire (le) de Napoléon Ier, par Edouard MORIAC. Brochure in-18, » 75 c.; par la poste................... » 85

Coup (le) d'État de Brumaire an VIII (les origines d'une dynastie). Étude historique, par Paschal GROUSSET. 1 volume in-18.......................... 3 50

Bonaparte *commediante, tragediante*, par Mario PROTH. 1 volume in-18.......................... 3 50

Napoléon III, sa vie, ses œuvres et ses opinions. Commentaire historique et critique, par A. MOREL. 2e édition. 1 volume in-18.......................... 3 50

Napoléon III (petite histoire de), par SPULLER. Brochure in-18, » 15 c.; par la poste................... » 25

Ce que coûte un Empereur. *Liste civile de Napoléon III*, par MALARDIER, ancien représentant. Brochure in-18, » 50 c.; par la poste.......................... » 60

France (la) et les États-Unis comparés. 3e édition. Brochure in-8, » 30 c.; par la poste.... .... » 40

Le Bilan de l'année 1868 : *l'Histoire, les Livres, le Théâtre, les Sciences, les Arts*, par MM. CASTAGNARY, GROUSSET, RANC et Francisque SARCEY. Très-fort volume in-18, 2e édition.. 3 50

Grands Procès politiques (les) :

STRASBOURG, par M. Albert FERMÉ (1836). 3e édition. 1 volume in-18.......................... 1 50

BOULOGNE, par LE MÊME (1840). 3e édition. 1 vol. in-18. 1 50

CONSPIRATION MALET, par M. Paschal GROUSSET (1812). 1 volume in-18.......................... 1 50

LE DUC D'ENGHIEN, par M. L. CONSTANT. 1 vol. in-18.. 1 50

LOUIS XVI, par M. L. CONSTANT. 1 volume in-18..... 1 50

GRACCHUS BABEUF *et la conjuration des égaux*, par Philippe BUONAROTTI, préface et notes, par M. A. RANC. 1 volume in-18.......................... 1 50

LES ACCUSÉS DU 15 MAI 1848, par Ernest DUQUAY. 1 volume in-18.......................... 1 50

LE MARÉCHAL NEY, par George d'HEYLLI. 1 vol. in-18.. ..1 50
PIERRE BONAPARTE, Meurtre de Victor Noir. Seul compte
rendu revu par les défenseurs de la famille Noir. 1 volume
in-18... 1 50
Premier et deuxième procès de l'Internationale. 1 vo-
lume in-18, » 1 25 ; par la poste..................... 1 50
Troisième procès de l'Internationale. 1 vol. in-18. 1 50
Contemporains (nos), par FERRAGUS (L. ULBACH).
Série de portraits composée de 8 pages de texte, avec portraits
dessinés par GILBERT, gravés sur bois par ROBERT, tirés à part
sur papier teinté.
Chaque livraison sous couverture in-4.............. » 40
Par la poste....................................... » 50
Mémoires d'un enfant de la Savoie, suivis de ses Chan-
sons. Nouvelle édition augmentée d'une partie entièrement iné-
dite, avec préface de BÉRANGER, par Claude GENOUX. 1 volume
in-18... 1 50

Pour commencer prochainement :

LA RÉPUBLIQUE

MONITEUR HEBDOMADAIRE DU SUFFRAGE UNIVERSEL

DIRECTEUR : **LUCIEN LE CHEVALIER**

Abonnements de six mois: Départements, 4 fr. 50.
Abonnements d'un an : Départements, 8 fr.
Le numéro de 8 pages, 10 c.

En fondant la *République*, moniteur du suffrage universel, on
se propose comme but de créer une publication qui, par son prix
peu élevé et la *simplicité* de sa rédaction, pénètre dans les campagnes, y soit comprise et fasse comprendre et aimer la République. Elle y répandra cette vérité incontestable parmi ceux qui
n'en ont pas encore été frappés, que la République est le meilleur et le plus économique des Gouvernements et le seul capable
de mettre le pays à l'abri des révolutions.

Cette publication parviendra à répandre les notions élémentaires
de politique sans lesquelles le *Paysan-électeur* restera à tout
jamais sous le joug de l'ignorance, et à créer et à développer chez
lui *la science du vote.*

— *La République* sera hebdomadaire, d'un prix aussi peu élevé que possible.

Chaque numéro sera de 8 pages grand in-8, imprimées sur deux colonnes, en caractère fort, pour en rendre la lecture facile. Une table des matières et une couverture envoyées chaque année aux souscripteurs, les engageront à faire brocher les volumes, dont la collection, après quelques années, formera une véritable encyclopédie politique.

Les questions à traiter s'indiquent d'elles-mêmes.

Elles seront politiques, économiques, morales. La préoccupation constante sera de faire ressortir la supériorité de l'organisation républicaine sur l'organisation monarchique; de montrer les avantages matériels qu'il y a à en retirer, et d'*inoculer* en quelque sorte par la persuasion, le sentiment républicain dans les populations de la campagne.

Écrite par des gens instruits pour des lecteurs qui ne le sont pas, telle doit être cette Revue : jamais elle ne s'écartera de la netteté et de la précision dans le fond et dans la forme; elle évitera toute espèce d'abstraction et traitera toutes les questions à un point de vue essentiellement pratique.

Principaux collaborateurs : Joigneaux, Henri Martin, Pierre Lefranc, Laurent Pichat, Esquiros, A. Morel, Asseline, A. Lefèvre, Gagneur, G. Isambert, etc., etc.

A LA MÊME LIBRAIRIE

Typographie Lahure, rue de Fleurus, 9, à Paris.

www.ingramcontent.com/pod-product-compliance
Lightning Source LLC
Chambersburg PA
CBHW072226270326
41930CB00010B/2013